KB268303

한 끗 차이,
창의적
문제 해결의 비밀

The Secret of creativity

한 끗 차이,
창의적
문제 해결의 비밀

이남석 지음

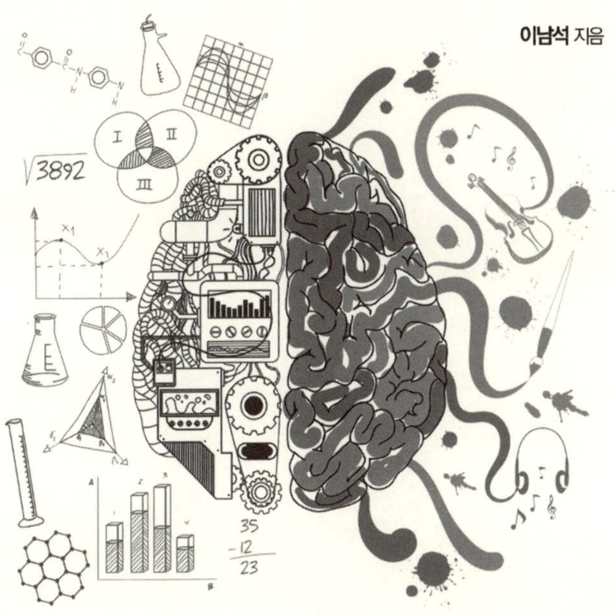

한 끗 차이,
창의적 문제 해결의
비밀

멋진 성과를 내는 천재들의 문제 해결법을 보면 마치 '마법' 같다. 보통 사람은 지레 겁을 먹고 두 손 두 발 드는 복잡한 문제도 아주 쉽게 해결하기 때문이다. 그 때문에 마치 신으로부터 특별한 능력을 부여받고 태어난 사람처럼 보이기도 한다. 하지만 그들은 마법을 부리거나 초자연적인 능력을 펼치는 사람이 결코 아니다. 심리학 연구를 통해 밝혀진 것처럼 창의적 문제해결 원리를 올바르게 실행하는 사람일 뿐이다.

많은 사람이 창의적 문제 해결력을 기르기 위해 그들과 관련된 책을 읽곤 한다. 하지만 대부분은 그것이 얼마나 중요한 성공 열쇠인지 확인하거나, 그들의 창의성에 감탄하는 수준에서 멈추고 만다. 정작 창의적 문제 해결 원리가 무엇인지 확실히 이해하고 실행하는 사람은 거의 없다. 왜 그런 현상이 일어나는 것일까.

미국 오하이오대학 심리학과 마크 알리케[Mark D. Alicke] 교수는 이 현상을 천재 효과[Genius Effect]로 설명한다. 그에 의하면, 사람들은 자신보다 더 나은 업적을 보인 사람의 능력을 훨씬 과장해서 말할 뿐만 아니라 아예 경쟁 상대로 생각조차 하지 않는다고 한다. 처음부터 비교 대상이 되지 않음으로써 치열한 경쟁을 할 필요도 없고, 그 결과에 의해 상처받을 일도 만들지 않기 위해서다. 학급에서 성적이 곧잘 나오는 아이가 전교 1등 아이를 특별하다고 믿는 것, 운동선수가 그 분야 최고 선수를 신격화하는 것 역시 이 때문이다. 그래서인지 창의성 관련 베스트셀러, 특히 뛰어난 업적을 남긴 위인들의 이야기를 소개하는 책을 보면 대부분 천재 효과를 부추기고 있음을 알 수 있다. 이에 책을 읽을 때는 재미도 있고, 크게 영감을 받는 것 같지만, 정작 얻고자 했던 창의적 문제 해결력은 전혀 나아지지 않는다.

만일 '천재들 역시 우리와 별반 다르지 않은 문제 해결력을 가졌다'라고 생각하면 어떨까. 학창 시절 성적처럼 노력 부족이나 잘못된 학습 방법 때문에 창의성이 좋지 않을 뿐, 적당한 방법과 그에 걸맞은 노력만 하면 나 역시 얼마든지 창의성을 발휘할 수 있고, 조금만 더 연습하면 그들처럼 될 수 있다면 어떨까.

뭔가 불경한 짓을 저지르는 듯한 기분이 들 수도 있다. 저 높은 곳에 있는 창의성을 끌어내려 비천한 곳에 뚝 떨어뜨려 놓고 제멋대로 짓밟는 것처럼 보일 수도 있기 때문이다. 그 이유는 지금까지 나온 수많은 책에 속아온 탓이다.

창의적 문제해결에 관한 책은 크게 다섯 가지로 나뉜다.

첫째, 창의적 천재에 관해 집중적으로 탐구하기

이런 부류의 책은 천재들의 자유분방한 성격을 드러내는 이야기를 통해 태도와 성격을 중점적으로 파고드는 것이 특징이다. 천재성이 받아들여지지 않던 상황에서도 꿋꿋이 자기 길을 걸었던 감동적인 이야기를 읽다 보면 머리와 가슴이 창의성으로 꽉 채워지는 느낌이다. 그러나 느낌은 느낌일 뿐. 천재 효과에 제대로 걸려든 나머지 정작 쓸만한 창의적 문제 해결법은 배울 수 없다.

둘째, 뇌 과학과 창의성 연결하기

이는 창의적 사고를 할 때 두뇌의 움직임과 구체적인 뇌 단련법을 강조한다. 하지만 안타깝게도 아직은 뇌 과학이 어떤 결론을 확실히 내릴 수 있을 정도가 아니기에 대부분 그럴듯한 가설을 사례에 끼워 맞춰 억지를 부리는 경우가 많다. 이에 대해 미국 웨스턴 온타리오대학 심리학과 알베르트 카츠Albert Katz 교수에 의하면, "창의적인 능력이 뇌의 특정 부분에 좌우된다는 것은 베토벤이 좌뇌가 없었기 때문에 훌륭한 작곡을 할 수 있었다"라고 주장하는 것과 같다며 이를 강하게 비판한 바 있다.

셋째, 현실에서 크게 성공한 결과물 다루기

이는 어떤 물건이나 서비스의 다양한 사례를 통해 그것이 왜 창의적이며, 얼마나 창의적인지 소개하면서 그 속에 숨어 있는 창의적 요소를 집중적으로 조명하는 것이다. 하지만 이는 위험하기 그지없다. 현재의 성공을 기준으로 창의성을 논하는 것에는 한계가 있을 수밖에 없기 때문이다.

넷째, 창의성을 촉진하는 환경 분석하기

이는 시간 압력을 줄 때 창의성이 잘 발휘되는지, 자유롭게 놓아두는 것이 좋은지, 어떻게 평가하면 효과적으로 창의성을 얻을 수 있는지 등 주변의 환경 맥락을 분석하는 것이다. 물론 이렇게 하면 창의성을 촉진하는 방법을 알 수는 있지만, 너무 주변 요소만 다루느라 창의성 그 자체에 관해서는 소홀하게 된다. 그 결과, 왜 똑같은 상황에서 어떤 사람은 창의성을 전혀 발휘하지 못하는지를 설명하지 못한다.

다섯째, 창의성이 만들어지는 인지적 과정을 갖고 이야기하기

이 역시 창의성이 만들어지는 과정을 매우 특별한 것처럼 강조한다. 그러나 미국 스탠퍼드대학 법학과 로버트 와이즈버그Robert Weisberg 교수에 의하면, 창의성은 평범한 사고의 연장에 지나지 않는다. 실례로, 그는 2006년 기존 창의성 이론을 뒤엎는《창의성 — 천재의 신화를 넘어서 Creativity — Beyond the Myth of Genius》라는 책에서 피카소 그림에서 반복되는 요소를 찾아내는 등 창의성이 얼마나 평범한지 집중적으로 조명해 큰 반향을 일으킨 바 있다.

그렇다면 이 책은 다섯 가지 방법 중 과연 어디에 해당할까.

다섯 가지 요소를 모두 다루고자 했다. 단, 비판적으로. 이를 통해 독자 스스로 천재 효과와 함께 더는 유효하지 않은 낡은 개념에서 스스로 벗어날 수 있도록 하고 싶었다. 그러나 아무리 좋게 말한들 듣는 입장에서는 그동안 속았다는 이야기가 그리 유쾌할 리 없다.

심리학 이론 중 부정적인 뉴스를 전하는 사람은 부정적으로 판단한다는 '부정성 효과Negativity Effect'가 있다. 정보와 제공자를 일치시키기 때문이다. 그걸 알면서도 이렇게 조목조목 따지는 이유가 있다. 나 역시 잘못된 정보를 주는 책에 여러 번 속았기 때문이다. 하지만 이 책에 나온 것처럼 창의적 문제해결 원리를 찾고 실행하면서 개인적인 문제와 사회적인 문제를 지혜롭게 해결하며 재미있는 삶을 살게 되었다.

이 책을 읽었다고 해서 누구나 천재들과 같은 업적을 이룰 수 있는 것은 아니다. 다만, 예전보다 더 나은 창의적 생각과 끊임없는 도전을 통해 삶을 원하는 방향으로 끌어갈 수는 있을 것이다. 천재를 바로바로 찍어낼 수 있는 책은 없다. 우리가 아는 천재들 역시 창의적 문제 해결법을 찾고, 그것을 통해 놀라운 성과를 내는데 자기 인생만큼의 시간이 걸렸기 때문이다. 그런 점에서 이 책은 창의적 문제 해결법을 이해하고, 실행하는 데 있어 길잡이 역할을 해줄 것이다.

이 책에서 제시하는 하나의 문제해결 원리를 두 달 동안 실행했는데, 원래 꿈꾸던 창의적 문제해결 수준에서 2% 정도밖에 나아지지 않았다고 하자. 그것은 과연 성공일까, 실패일까.

다른 사람들 눈에는 여전히 실패처럼 보일 것이다. 그런데 이 책에 나온 다른 문제해결 원리를 실행해서 두 달 만에 또 2%가 늘어났다면, 1년 후에는 창의적 문제해결 수준이 12%나 좋아지게 된다. 또한, 거기에 〈같은 인물, 다른 창의성〉에 나오는 방법을 더하면 가속도가 붙는 것은 물론 시행착오 역시 줄어들어 금방 원하는 수준에 이를 수 있다.

굳이 가속도를 계산에 넣지 않아도 좋다. 한 달에 1%씩 1년에 12%면 4년째에는 48%에 이르기 때문이다. 이를 원래 갖고 있던(창의적 문제해결 능력이 50%였다고 하면) 것과 합치면 98%다. 그것만으로도 충분히 원하는 목표에 도달할 수 있다.

나 역시 지금 그 길을 묵묵히 가고 있다. 그리고 다른 사람들 역시 그 길을 가기를 응원하기 위해서 이 책을 썼다.

천재 효과의 피해자가 아닌 삶의 멋진 승리자가 되기 위해 도전하는 사람들에게 부디 이 책이 도움이 되었으면 한다.

이남석

PART 8 모순 　모순 인정하기

뛰어나게 창의적인 사람과 세상에서 가장 바보스러운 사람은 종이 한 장 차이다.
그러니 무엇을 두려워하는가? 망설이지 말고, 마음껏 도전해보라.

__ 씬디아 하이멜Cynthia Heime

창의성의 시작, 새로운 것에 관한 도전

남과 다른 결과를 만드는 씨앗은 자기 안에 있다.
그러니 자기에게서 답을 찾겠다는 굳은 의지와 용기를 가져라.

__ 라이트형제Orville and Wilbur Wright

창의성은
용기를 필요로 한다

"남다른 성공은 새로운 것에 도전하는 용기에서 나온다."

전혀 새로울 것 없는 말이지만, 용기의 참뜻을 제대로 이해한다면 새로운 도전의식을 불러일으키기에 충분하다. 예를 들면, 한 번도 스카이다이빙을 해본 적이 없는 사람이 용기를 발휘해서 비행기에서 뛰어내린다고 해보자. 그것은 용기 있는 행동일까, 무모한 행동일까. 위험한 도전을 직업으로 삼는 스턴트맨에게서 그 해답을 찾을 수 있다.

그들은 꼼꼼하게 자기 안전을 챙긴다. 그런 점에서 용기 있게 행동하는 사람은 매우 꼼꼼하며 절대 무모하지 않다고 할 수 있다.

창의적으로 문제를 해결하려는 사람 역시 꼼꼼해야 한다. 원리를 제대로 이해하고 문제 상황에 맞게 실행하는 자세가 필요하기 때문이다. 또한, 이것이 문제를 새롭게 해결하는 가장 기본자세다.

다음 문제를 통해 용기 있는 도전에 관해 알아보자.

민정범 씨는 탁월한 감각을 가진 디자이너다. 비록 정규과정으로 패션을 공부하진 않았지만, 실전을 통해 실력을 쌓아 옷을 만드는 족족 소비자들에게 호평을 받았다. 하지만 그는 이런 상황에 만족하지 않는다. 자기 실력에 걸맞은 명성을 얻은 것이 아니기 때문이다. 그래서 더 늦기 전에 더 큰 세상에 나가 성공하고 싶어 한다. 다른 디자이너의 옷을 보면 자신도 충분히 성공할 수 있을 것만 같다. 과연, 그가 자신의 실력에 걸맞은 명성을 최단 시간에 얻을 방법은 뭘까.

위와 같은 문제 상황 속에서 민정범 씨가 성공하는 방법은 과연 뭘까.

누구나 인정하는 실력을 쌓거나, 유명 패션쇼를 통해 실력을 입증한다. 또한, 저명한 평론가를 패션쇼에 초청해서 자기 실력에 걸맞은 정당한 평가를 받거나, 유명 연예인에게 자기가 만든 옷을 입혀서 전국적으로 인기를 끌며 패션계의 아이콘으로 등극하는 방법도 있다.

문제는 과연 그것이 창의적이냐는 것이다. 결론적으로, 위 방법들은 현실 조건을 꼼꼼하게 생각하고, 도전하는 용기가 부족하다.

현실적으로 생각해 보자. 패션은 시대 변화, 즉 유행에 매우 민감하다. 무술 수련하듯 어딘가에 숨어서 실력을 쌓은 후 결과물을 들고 갑자기 나타난다고 해서 인정받을 수 있는 것이 아니다. 끊임없이 유행을 주도하는 아이템을 만들어 내야 한다. 그러자면 실력은 기본이고, 사람들의 시선을 붙잡아야 한다. 물론 패션쇼를 하는 것 역시 그 방법의 하나다. 그러나 무명 디자이너의 패션쇼에 올 사람이 과연 얼마나 될까. 자기와 관련 있는 사람이나 실력을 인정하는 사람, 우연히 들른 사람이 대부분일 것이다. 무명 디자이너의 패션쇼에 저명한 평론가가 나타날 확률은? 전혀 없지는 않겠지만, 영화 속에서 나오는 것만큼은 흔치 않을 것이다. 당연히 유명 연예인이 그 옷을 입을 확률 역시 매우 낮다. 그렇다면 어떻게 이 문제를 창의적으로 해결할 수 있을까.

그 해답은 패션업계의 역사에서 찾을 수 있다. 세계적인 패션 디자이너 중 타미힐피거Tommy Hilfiger가 있다. 1952년 미국에서 태어난 그는 어린 시절부터 매우 독특한 취향으로 유명했다. 18살 때 '피플즈 플레이스People's Place'라는 가게를 열어 뉴욕대학 학생들을 상대로 당시 유행하던 옷이나 신발, 액세서리 등을 팔아 큰 인기를 끈 그는 26살 무렵에는 가게를 10개나 운영할 만큼 사업가로서의 실력을 인정받았다. 그 결과, 청바지로 유명했던 죠다쉬Jordache와 계약을 맺기도 했지만, 거기서 만족하지 않았다.

32살이 된 그는 더 큰 결심을 한다. 돈도 돈이지만, 자기 이름을 내건 디자이너로서 당당히 인정받고 싶었기 때문이다. 결혼한 중년의 중산층 백인 남성들을 공략하기 위해 '스타일이 있는 클래식'이라는 다소 모순되는 요소를 디자인 컨셉으로 삼은 그는 랄프 로렌Ralph Lauren의 젊은 고객층을 공략하기 위해 독창적인 광고로 유명했던 조지 로이스George Lois의 도움을 받아 다음과 같은 광고를 기획했다.

가장 위대한 남성복 디자이너, RL · PE · CK · TH

그는 RL(랄프 로렌), PE(페리 앨리스), CK(캘빈 클라인)와 같이 이름의 약자만 넣어도 곧바로 누구인지 아는 패션 디자인계의 대가들 속에 자기 이름을 과감하게 집어넣었다. 하지만 이는 그야말로 큰 모험이었다. 이름도 들어보지 못한 애송이 디자이너가 감히 선배 디자이너와 동등한 실력을 갖췄음을 선언한 것이나 마찬가지였기 때문이다. 몇백만 달러를 들여서 뉴욕 공중전화 박스를 도배하고 가장 비싼 옥외 광고탑에 선전 문구를 내걸었지만, 정작 TH가 누구인지 아는 사람은 거의 없었다. 그런데 그럴수록 사람들은 그가 누구인지 궁금해했다.

결론적으로, 그는 그렇게 해서 자기 이름을 대중에게 각인시켰고, 그때부터 물 만난 고기처럼 패션 스타일을 선도하며 수많은 유행과 트렌드를 만들어냈다.

그렇다면 그를 성공시킨 힘은 과연 어디에서 온 것일까.

탁월한 감각과 뛰어난 능력? 그것만으로는 뭔가 부족해 보인다. 알다시피, 세상에 실력 좋은 디자이너는 헤아릴 수 없을 정도로 많지만, 실력이 좋다고 해서 누구나 그처럼 되는 것은 아니기 때문이다. 그의 성공 이면에는 창의적인 디자인 실력 외에 분명 다른 것이 있다. 바로 용기다. 만일 조지 로이스가 광고 기획안을 가져왔을 때 그가 패션계 거장들과 어깨를 나란히 할 수 있다는 자신감과 그것을 선언할 용기가 없었다면 지금의 그는 없을 것이다. 즉, 오늘의 그를 있게 한 것은 현실을 제대로 인식하고, 그 누구도 시도하지 않은 도전을 과감하게 실행한 용기에 있다.

새로운 것에 관한
두려움 떨쳐내기

아무리 평범한 사람이라도 자기 분야에 어느 정도 경험이 쌓이고 실력을 갖추게 되면 창의적인 생각을 하게 된다. 문제는 대부분 그런 생각을 표현하거나 실행조차 하지 않는다는 것이다. 용기가 부족하기 때문이다.

이는 곧 평범한 결과로 나타나며, 대부분 그걸 보면서 자기 능력 부족을 탓한다.

창의성에 관해 오랫동안 연구한 폴 토랜스Paul Torrance 박사는《창의성의 철학why fly? The philosophy of creativity》이라는 저서에서 창의적인 사람들의 공통점으로 '용기'를 꼽았다. 용기를 내어 어떤 일에 매진하는 것은 미하이 칙센트미하이Mihaly Csikszentmihalyi 박사가 강조한 '몰입' 상태에서 열정과 능력을 다해 창의성을 만들어내는 것과 같기 때문이다. 이와 관련 해서 지능과 창의성 분야 대가인 코넬대학 로버트 스턴버그Robert Sternberg 교수는 이렇게 말한 바 있다.

"아이디어를 만드는 초기 단계일수록 반드시 용기가 필요하다."

다른 사람의 생각이나 표준, 고정관념에서 벗어나 비범한 창의성을 발휘하고 싶다면, 자기 생각에 대한 자신감을 갖고 용기를 내어 끝까지 그것을 지켜낼 줄 알아야 한다. 그러나 안타깝게도 우리 대부분은 새로운 아이디어를 정확히 판단하지 못한다. 단지 새롭다는 이유만으로 피하는 경우가 많기 때문이다.

새로운 것은 예측할 수 없고, 통제할 수 없다. 그러니 당연히 심리적인 부담을 느끼게 되는데, 그럴수록 우리는 빨리 거기서 벗어나고 싶어 한다. 그 결과, 새로운 아이디어가 나오면 객관적인 평가랍시고 부정적인 평가를 늘어놓거나 아예 무시하곤 한다.

에디슨이 전구를 만들 때의 일이다. 그는 전구 필라멘트 재료를 찾기 위해 무려 1,000번의 실험을 거듭했다. 그때마다 옆에서 그를 지켜보던 사람들은 그게 왜 안 되는지를 1,000번 이상 이야기했지만, 그는 새로운 재료 찾는 일을 절대 멈추지 않았다. 자기 생각을 믿었기 때문이다. 그 결과, 수많은 실패에도 다시 용기를 냈고, 결국 전구를 만드는 데 성공했다.

수많은 실패 끝에 비행기를 만든 라이트 형제(윌버 라이트^{Wilbur Wright}, 오빌 라이트^{Orville Wright}) 역시 자기 생각에 대한 믿음이 강했다. 롤스로이스^{Rolls-Royce}사 공동 창업주인 찰스 롤스^{Charles Stewart Rolls}는 형제에 관해 다음과 같이 말한 바 있다.

"라이트 형제는 불신과 비웃음, 그리고 계속되는 비난 속에서 살았지만, 절대 그것에 영향받지 않았다. 대중의 견해가 바뀐 뒤에도 마찬가지였다. 그들은 하루아침에 스타가 되었지만, 그것과 상관없이 조용히 자신들이 하던 일을 계속했다."

창의성은 평범함이 아니다. 그 때문에 평범함을 거부하는 용기가 있어야만 창의성과 가까워질 수 있다. 다른 사람들이 당연하게 받아들이는 것에 도전하고, 부정적인 평가에도 굴하지 않으며, 그 어떤 위협에도 흔들리지 않을 용기가 있어야 한다. 그러나 불행하게도 우리 사회에서는 용기를 발휘하기가 그리 쉽지 않다. 진중권 교수는 그 이유를 그의 저서《호모 코레아니쿠스^{Homo Coreanicus}》에서 다음과 같이 밝히고 있다.

"한국 젊은이들은 직업을 선택할 때 '진취성'보다는 '안정성'을 고려하고 있다. 생존의 위협에서 나온 공포가 그들의 선택을 보수적으로 만든 것이다. 창의성은 도전과 실패를 반복하는 데서 나온다. 하지만 사회적 안전망이 없는 곳에서 한 번의 실패는 곧바로 생존의 위협으로 다가오게 된다. '그냥 사느냐, 더 잘 사느냐'의 문제가 '사느냐 죽느냐'의 문제가 되는 곳에서, 사람들은 창의적으로 새 영역을 개척하기보다는, 이미 안전한 것으로 입증된 낡은 습관을 고집하게 된다."

이렇듯 우리 사회에서는 타고난 용기를 가진 사람이라도 그것을 제대로 발휘할 수 없는 경우가 많다. 그렇다고 해서 희망이 전혀 없는 것은 아니다. 누구나 적절한 훈련을 통해 용기를 키울 수 있기 때문이다.

용기를 키우려면, 우선 용기가 무엇인지부터 정확히 알아야 한다. 그냥 확 저질러보자는 생각에 기존 생각과 평범함을 거부하는 것은 용기가 아닌 만용이다. 진정한 용기는 상황을 꼼꼼하고 올바르게 판단해서 신념을 갖고 끝까지 밀어붙이는 끈기와 함께한다.

영국 혁신 컨설팅 회사 〈what if!〉의 대표를 지낸 크리스 무린Kris Murrin은 《창의적 아이디어로 혁신하라》라는 책에서 용기에 관해 다음과 같이 정의한다.

"용기란 자기 자신에게 진실한 것, 즉 다른 사람들의 의견이 아니라 자기 생각을 표현하는 것이 가장 중요하다는 것을 아는 것이다."

용기는 '자기 생각에 대한 신념, 자기 생각에 대한 집중, 끈기'라는 것이다. 이렇듯 용기에 관해서 정확히 알게 되면 아무리 위험하거나 두려운 상황에 부닥쳐도 자기 판단을 더 의지하게 되어 더는 흔들리지 않게 된다. 다른 사람들이 우왕좌왕할 때 창의적인 사람들이 먼저 행동을 취해 성공하는 것 역시 바로 이 때문이다.

용기를 발휘하려면 일단 주어진 틀에서 벗어나서 생각해야 한다. 만일 자신이 용기를 가졌는지 확실하지 않다면, 남들이 시도하지 않는 것을 실제로 얼마나 하고 있는지 확인해보라. 나아가 다른 사람과 구별되는 자기만의 생각 표현 방법을 가졌는지, 그런 표현을 자주 하는지 등을 스스로 묻고, 점검할 필요가 있다. 또한, 자기가 좋아하는 것을 직접 선택하는 것으로도 용기를 확인할 수 있다. 용기는 자기 생각에 대한 믿음이기에 모든 것을 직접 결정하려는 경향이 강하기 때문이다. 그렇다고 해서 이를 독선으로 오해해선 안 된다. 용기와 독선은 엄연히 그 성격이 다르기 때문이다. 또한, 독선은 창의성을 저해한다. 따라서 스스로 결정하되, 열린 마음을 가져야 한다. 창의적인 천재들은 자기 생각을 끈기 있게 실천해서 위대한 업적을 만들어냈지만, 필요에 따라서는 다른 사람에게 도움을 요청하기도 하고, 자기 방법을 버리면서까지 새로운 것을 연마하기도 했다.

전문성 역시 용기를 발휘하는 데 있어 큰 도움이 된다. 특정 분야에 대해 전문 지식이나 경험 없이 자기 생각만 고집할 경우 전혀 창의적이지 않은 결과를 얻기 때문이다. 타미힐피거도 그랬고, 에디슨도 그랬다. 따라서 최적 대안을 만들려면 현실에 대한 지식을 기본적으로 갖추고 있어야 한다. 나아가 새로운 시각으로 통찰을 발휘해 자기만의 생각을 만들고, 그것을 밀어붙여야만 한다. 신입 사원의 좌충우돌 아이디어보다 팀장의 문제 해결법이 현실에서 더 큰 힘을 발휘하는 것도 바로 이 때문이다.

주목할 점은 자기 혼자만 잘한다고 해서 용기를 키울 수 있는 것은 아니라는 것이다. 주변 사람들의 도움이 필요하다. 스스로 생각에 집중하고 그것을 전개할 기회를 줘야 한다. 곧바로 답을 줘서는 안 된다. 선진국 교육 방법이 과제를 주되, 구체적인 방법과 결과는 알려주지 않는 것도 바로 이 때문이다. 똑같은 과제라도 학생마다 질문이 다르기에 여러 가지 답이 나오며, 교사와 학생은 서로의 의견을 존중한다. 자기 생각이 존중받는데 과연 용기를 잃을 수 있을까. 새롭거나 남과 다르다는 이유만으로 신랄한 평가를 받는 교육 환경과는 매우 대조적이라고 할 수 있다.

평범함을 따라가면 삶에 '적응'하며 편하게 살 수 있다. 하지만 개성을 발휘해서 성공하고 싶다면 '용기'를 내야 한다. 예전과 똑같이, 다른 사람과 똑같이 사는데, 어떻게 다른 결과를 낼 수 있겠는가. 다른 결과를 얻고 싶다면 결심부터 달라야 하며, 사회와 개인의 발전은 '변화'에 대한 용기에서 나온다는 사실을 명심해야 한다. 따라서 용기를 키우려면 스스로 변화하려고 노력해야 한다. 다른 사람에게 다양성을 인정해 달라고 '용기 내서' 요구하기 전에, 자기 자신부터 자기의 다양성을 인정하는 용기를 발휘해야만 진실한 용기를 키울 수 있다. 평소에 가지 않던 곳을 일부러 가보거나, 익숙하지 않은 분야의 책을 읽거나, 취향과 다른 음악을 듣거나, 마음에 들지 않는 옷을 입어 보는 등 끊임없이 자기 자신을 변화시켜야 한다. 그렇게 해서 새로운 것에 대해 두려움을 떨쳐내야 한다.

자기 자신의 새로운 모습도 받아들이지 못하면서 다른 사람이 그것을 받아들이기를 바라는 것은 말이 안 된다. 나아가 스스로 획일화되고 있는 것은 아닌지 반성하며, 획일화를 강요하는 사람과 싸우는 것 역시 두려워하지 않아야 한다. 만일 싸우기가 힘들다면 최소한 거부라도 해야 한다.

주변의 격려만으로는 절대 용기를 키울 수는 없다. 굳은 결심만으로 키워지는 것도 아니다. 무엇보다도 실행이 중요하다. 용기를 내는 것은 자기와의 약속을 지키는 습관이기 때문이다. 자기 생각에 대한 믿음으로 그것을 지켜내겠다는 약속을 잊지 않고 행동할 때 용기는 비로소 키워진다.

창의적인 문제해결은 결코 어려운 일이 아니다. 낡은 것은 누구나 지겨워하기 마련이다. 바로 그 마음에서 출발하자. 그리고 그 지겨움에서 벗어나기 위한 조건을 꼼꼼하게 따져보자. 대충대충 문제를 해결하겠다는 데서 나온 초라한 생각을 물리치고, 기존과 다른 생각을 꼭 해내고야 말겠다는 마음, 그리고 그 마음으로부터 나온 자기 생각을 믿고 실행하겠다는 각오를 다지자. 그것이 바로 용기다.

실패한 순간,
발전한다

천재들의 창의성을 그대로 따라 한다고 해서 곧바로 그들처럼 창의적인 사람이 되는 것은 아니다. 창의적인 사람이 되려면 어느 정도 시행착오가 필요하다. 그렇다고 해서 천재들처럼 무조건 많은 문제를 풀라는 것은 아니다. 문제해결 과정을 제대로 알지 못하면 항상 똑같은 실수를 반복할 수 있기 때문이다.

미국 코넬대학 로버트 스턴버그 교수는 창의적인 문제해결 과정에 있어서 '자기 모니터링Self-monitoring'의 중요성에 대해 강조한 바 있다. 자신이 어떤 스타일이며, 어떻게 문제에 접근했을 때 가장 효과적으로 그것을 해결하는지 알면 나중에 비슷한 문제에 직면했을 때 그만큼 응용하기 쉽기 때문이다. 예를 들면, 문제를 분석해서 해결하는 능력이 뛰어난 사람이라면 일단 자료를 모아서 분석하는 것이 훨씬 더 편하고 효율적이다. 그런데 그것을 알지 못해 직관적으로 문제를 해결하려고 한다면? 남의 옷을 입고 움직이는 것처럼 문제해결 내내 불편함을 느낄 것이 틀림없다. 당연히 원하는 결과 역시 얻기 힘들다. 반대로 자기에 대해 잘 알면 문제해결 과정에서 즉시 피드백을 얻을 수 있을 뿐만 아니라 무엇이 문제인지에 관해서도 잘 알 수 있다. 나아가 그것을 바탕으로 새롭게 학습하고 노력하면 다음번에는 훨씬 더 성공적으로 문제를 해결할 수 있다.

자기 모니터링 효과가 중요한 이유는 또 있다. 자기 스타일을 알면 다른 스타일로도 문제에 적응하는 노력을 체계적으로 할 수 있기 때문이다. 마치 수험생이 별도로 정리한 오답 노트를 열심히 외워 허점을 보완하는 것처럼 지금까지 고집했던 자기 스타일에서 벗어나 다른 스타일에도 빠르게 적응할 수 있는 것이다. 그렇게 되면 문제해결 방식이 훨씬 다양해질 뿐만 아니라 생각 역시 유연해진다. 그 결과, 상황에 따라 다양한 대안을 만들어 창의적으로 문제를 해결할 수 있다. 하지만 문제를 해결하기 위해 자기 '생각에 대해 생각'하는 '초인지Metacognition' 같은 고차원적인 사고를 발달시키는 일은 그리 쉽지 않다. 따라서 창의성 훈련 초기에는 교사나 동료가 "이런 부분은 좋고, 이런 부분은 좋지 않았다"라며 구체적인 지적을 해줄 필요가 있다. 또한, 자기 모니터링이 세밀하게 이뤄지기 전까지는 일부러 자기 생각을 남에게 이야기해서 그에 대한 의견을 구하고, 다른 사람의 말을 열린 마음으로 받아들이는 것 역시 필요하다.

이 책에 나온 답에 대해서도 열린 자세가 필요하다. 예를 들면, "왜 책에 나온 것만 정답이냐, 내 생각도 맞지 않느냐?"라며 불만을 제기하는 것은 적절치 않다. 애당초 창의성 문제에 관한 답이 한 개만 있을 수는 없기 때문이다. 조건을 추가하거나 빼거나, 관점 변화와 상황 조합에 따라 얼마든지 답이 달라질 수 있다. 이 책에서 제시하는 답 역시 그렇게 해서 나올 수 있는 수많은 답 중 하나일 뿐이다. 따라서 다른 사람이 제시하는 정답에 자기를 맞추기보다는 나만의 답을 더 좋게 만들고야 말겠다는 용기가 필요하다.

창의적인 사람일수록 문제 해결법 역시 다양하다. 심지어 자신이 내놓은 해결책에 대해서도 매번 다르게 접근해 또 다른 해결책을 내놓기도 한다. 실제로 자신이 알고 있는 창의성 요소를 모두 활용한다는 생각으로 접근해야 창의적으로 문제를 해결할 수 있다. 그러자면 자신이 무엇을 알고, 무엇을 잘하는지 잘 알아야 한다. 자기 자신에게서 창의성의 뿌리를 찾아야 하기 때문이다.

자기 생각에 대한 믿음뿐만 아니라 자기 모니터링을 통해 기존에 갖고 있던 생각을 부정하고 새롭게 생각하는 것 역시 용기다. 실패의 원인을 깨닫고 반복하지 않으면 그만큼 성공할 확률이 높아지기 때문이다. 창의성을 중시하는 것으로 유명한 〈구글Google〉 역시 이 사실을 잘 알고 있었다.

〈페이스북Facebook〉 최고 운영 책임자COO 셰릴 샌드버그Sheryl Sandberg가 〈구글〉 부사장 시절 자신이 밀어붙인 광고로 인해 수백만 달러의 손실을 보게 된 사실을 알게 되었다. 그녀는 즉시 공동 창업자인 래리 페이지Larry Page를 찾아가서 사정을 설명하고 용서를 구했다. 그러나 래리 페이지는 아주 의외의 반응을 보였다.

"당신이 그런 실수를 하다니 정말 기쁘네요. 저는 우리 회사가 비록 실패하더라도 끊임없이 도전하는 회사가 되었으면 합니다. 만일 당신이 그런 실수를 하지 않는다면, 〈구글〉은 보수적인 회사로 전락하고 말 것입니다."

그런 남다른 신념을 갖고 있었기에 〈구글〉은 창의적인 서비스로 세상 사람들을 깜짝 놀라게 했다. 그들은 실패를 두려워하지 않는 용기와 끊임없는 도전에서 창의성이 나온다는 사실을 누구보다도 잘 알고 있었다.

답은 언제나 내 안에 있다

인터뷰어   두 분을 뵙게 되어 영광입니다. 두 분은 비행기를 처음 만든 창의적 과학기술자로 널리 알려져 있는데, 직접 만든 비행기로 처음 하늘을 날던 순간, 기분이 어땠나요?

윌　버   답변에 앞서 우선 오해의 소지가 있는 부분을 바로 잡고 싶습니다. 오로지 우리 둘만의 힘으로 비행기를 만든 것은 아닙니다. 저희 이전에 기구와 글라이더 등을 발명하여 하늘을 날 수 있는 기계를 만들고자 하는 불굴의 의지를 보여주고 실패의 교훈까지 전달했던 수많은 과학기술자가 있었기에 우리가 비행기를 만들 수 있었습니다. 그러니 우리 이름 뒤에 숨겨진 수많은 과학기술자와 꿈을 잃지 않고 하늘을 날고자 애썼던 비운의 천재들을 부디 잊지 말았으면 합니다.

인터뷰어　　　역시 창의적인 분들은 말씀하시는 것도 다르네요.

오　빌　　　여하튼 처음 비행기를 타고 하늘을 날던 순간의 기분이 아직도 생생합니다. 그날은 1903년 12월 17일로 우리와는 비교도 되지 않을 정도로 유명했던 스미스소니언 협회 새뮤얼 랭글리$^{Samuel P. Langley}$ 회장이 동력 비행에 실패한 9일 후였습니다. 그래서 그 누구도 우리가 성공할 것이라고 기대하지 않았지만, 우리는 틀림없이 성공하리라는 것을 알고 있었습니다. 굳이 그날이 아니라도 우리가 생각한 방식으로 인간이 반드시 날 수 있다고 믿었으니까요. 여하튼 제가 먼저 찬바람이 부는 키티호크 킬데빌$^{Kill Devil}$ 모래 언덕을 박차고 올랐고, 플라이어^{Flyer} 1호는 3m 고도로 12초 동안 36m를 비행하는 데 성공했습니다. 그 순간, 저는 새처럼 자유로운 아니 공기보다도 가벼운 기분을 느꼈지요. 처음이라서 조정이 조금 힘들기는 했지만, 두려움 같은 것은 전혀 없었습니다. 우리가 생각을 펼칠 때처럼 아주 자유로웠지요.

윌　버　　　저는 혹시라도 있을 불상사에 대비해 오른쪽 날개 뒤에서 열심히 오빌을 쫓았습니다. 그런데 잠시 후 무사히 땅에 내려온 오빌이 감격에 가득 찬 눈으로 말없이 저를 꼭 껴안았습니다. 하늘을 날아본 사람으로서의 당당함과 자유로움이 담긴 눈빛으로 말이죠. 그다음에는 제가 비행기를 조종했는데, 일단 성공하자 한결 여유로워졌습니다. 오빌의 조언이 큰 도움이 되기도 해서 저는 152.5m를 비행했고, 세 번째는 다시 오빌이 조종해서 60m, 마지막에는 제가 다시 조정해서 최고 기록인 260m를 비행했지요.

인터뷰어　　　당연히 큰 화제가 되었겠죠?

윌　버　　　아니요, 그 반대입니다. 마치 우리를 사기꾼 대하듯 했으니까요. 언론 역시 제대로 다루지 않았습니다. 우리가 비행한 사실을 증명하는 것이라고는 그날 경비를 섰던 한 병사가 찍은 영상이 전부였습니다. 그래도 저희는 포기하지 않고 연구를 계속해서 1905년 38분 동안 339m를 비행한 개량형 플라이어 3호를 만들었습니다.

인터뷰어　　　2년 만에 그런 비행기를 만드셨다니 정말 놀랍네요.

오　빌　　　하하, 정말 놀라운 일은 따로 있습니다. 그 비행기를 미국 국방성에 구매해달라고 했는데 거절당했거든요.

인터뷰어　　　네?

윌　버　　　그래서 우리는 프랑스로 건너가 1908년 35마력 엔진을 장착한 라이트 복엽기 라이트 A형으로 직접 하늘을 날았지요. 유럽인들이 지켜보는 가운데 경기장을 이륙해서 두 바퀴 비행한 후 착륙한 정도였지만, 사람들의 반응은 정말 대단했습니다. 비행시간이 채 2분이 되지 않았는데도 매우 열광적이어서 솔직히 기분이 좋았습니다.

인터뷰어　　　몇십 분을 날 수 있는 비행기를 만들었는데도 사람들이 냉담

한 반응을 보였다니, 그 심정이 오죽했겠습니까?

윌　버　　　우리는 주변 평가에 그다지 신경 쓰지 않았습니다.

오　빌　　　맞아요. 우리 자신의 작업에 더 많은 신경을 썼지요. 그것은 우리가 직접 작업을 하면서 얻은 교훈 때문이기도 합니다.

인터뷰어　　그게 뭔지 자세히 말씀해줄 수 있나요?

오　빌　　　당시 우리는 형편상 대학에 진학하지 못했지만, 개인적인 연구를 통해 항공학에 관한 지식을 줄줄 꿰게 되었습니다. 그것을 바탕으로 글라이더를 만들기도 했지요. 그런데 이론적으로는 성공해야 하는데도 직접 실행해보면 실패하기 일쑤였습니다. 직감적으로 뭔가가 잘못되었다는 것을 깨달았지요. 그래서 생각을 발전시킨 과정을 직접 모니터링 했습니다. 그 결과, 우리가 책에 나온 자료만을 절대적인 것으로 믿고 일에 착수했다는 사실을 깨닫게 되었습니다. 그때부터 우리는 2년 동안 실험을 통해 우리가 직접 조사한 것만 믿기로 했고, 그제야 성과가 나타나기 시작했습니다.

인터뷰어　　정말 놀랍네요. 지금은 전문성을 기르려면 당연히 대학에 가야 한다고 생각하는 시대이기 때문에 제가 이렇게 놀라는 것일 수도 있습니다. 하지만 다른 전문가가 쓴 책 정도는 어느 정도 받아들일 수도 있었을 텐데, 직접 실험하고, 조사하고, 생각한 것만 믿으려고 하셨다니, 그 엄격함과 자신감에 놀랄 수밖에 없네요.

윌　버　　　저희에게도 매우 어려운 결정이었습니다. 하지만 용기를 냈고, 다행히 일이 잘 진행되었죠. 결국, 해답은 자기 안에 있습니다.

인터뷰어　　　좀 더 자세히 말씀해주시겠습니까?

오　빌　　　일단 우리도 전문가라는 자신감이 어느 정도 붙어 있던 터라 결정이 그나마 쉬웠습니다. 아마 고등학교를 졸업하자마자 그런 시기가 왔다면 쉽게 결정하지 못하고 뒷걸음질 쳤을지도 모릅니다. 하지만 하늘은 스스로 돕는 자를 돕는 법. 용기를 내자 신의 가호로 행운이 연이어 찾아왔지요. 기압이 여러 가지 형태의 곡면에 미치는 영향에 관한 표 역시 저희가 최초로 만들었고, 연이어서 동력 비행기까지 개발하는 데 성공했습니다. 그런 점에서 일정 수준 이상의 지식과 전문성을 쌓은 다음에는 용기를 발휘하는 것이 중요하다고 생각합니다.

인터뷰어　　　끝으로, 이 자리를 통해 사람들에게 꼭 전하고 싶은 말씀이 있다면 해주십시오.

오　빌　　　남과 다른 결과를 만드는 씨앗은 남이 아닌 자기 안에 있습니다. 그러니 자기에게서 답을 찾겠다는 굳은 의지와 용기를 가졌으면 합니다.

다른 인물, 같은 창의성 _ 루이 파스퇴르

'세균학의 아버지' 루이 파스퇴르Louis Pasteur가 박사 학위를 받을 때까지 그의 재능을 알아보는 사람은 단 한 명도 없었다. 심지어 그의 지도교수 중 한 명은 그를 '매우 평범하다'고까지 말할 정도였다. 그도 그럴 것이 그는 화학을 전공할 때까지만 해도 아주 평범한 학생에 불과했다. 하지만 전공을 생물학으로 바꾸면서 180도 달라졌다.

그가 살던 당시에는 자연 발생설을 믿었다. 그 결과, 세균이나 벌레는 자연적으로 생겨난다고 믿었는데, 그는 거기에 동의하지 않았다.

그는 '현대역학 설립자'로 알려진 이탈리아 의사 지롤라모 프라카스토로로Girolamo Fracastoro 등이 주장한 세균설을 믿었다. 이에《자연 발생설 비판》에 자신의 실험을 소개하며 발효가 미생물 때문에 일어난다는 사실을 입증했고, 박테리아와 곰팡이를 죽이는 방법을 발명하기도 했다. 이것이 바로 그의 이름을 따서 만든 저온살균법Pasteurization이다.

그런 점에서 그는 자신이 옳다고 믿는 생각을 끝까지 밀어붙여 창의적인 업적을 만들어낸 대표적인 인물이라고 할 수 있다.

1680년 이탈리아 수학자 조반니 보렐리Giovanni Borellii는 인간은 근육이 매우 약해서 공중에 뜰 만큼 큰 날개를 움직일 수 없다는 사실을 증명했다. 라이트 형제 역시 이 사실을 잘 알고 있었다. 형제는 레오나르도 다빈치Leonardo da Vinci가 그랬던 것처럼 날마다 새를 자세히 관찰했다. 하지만 그 목적은 확연히 달랐다. 다빈치가 퍼덕거리는 날개 장치를 고안하려고 새를 관찰한 반면, 형제는 새의 비행 원리를 자신들이 만들 새로운 기계에 적용하고자 했기 때문이다.

그렇게 해서 형제는 새의 움직임이 어떤 기구나 글라이더로도 흉내 낼 수 없을만큼 유연하다는 사실과 새가 날개 모양을 변화시키면 움직임 역시 크게 변화한다는 사실을 알게 되었다. 이를 토대로 형제는 글라이더 날개 모양을 새처럼 변화시켜 주는 도르래와 케이블 시스템을 설계했고, 마침내 원하던 결과를 얻을 수 있었다.

이렇듯 발견의 창의성을 활용한 연구 성과가 용기와 창의성의 결정판인 동력 비행기를 만드는 데 있어 큰 도움이 되었음은 두말할 나위 없다.

적절한 협력자를 찾아서 그 사람들에게 적절한 아이디어가 있다면, 그다음은 일사천리다.
내 작업에서 협력이 매우 중요한 위치를 차지하는 이유는 바로 그 때문이다.
물론 생각의 파장이 비슷하고 같은 작업을 원하는 사람을 찾아야 하는 것은 기본이다.

＿마빈 햄리시|Marvin Hamlisch

창의성의 꽃은 홀로 피지 않는다

자신의 경쟁자라고 생각하는 사람들과 늘 접촉하고,
어려울 때 도울 수 있는 친구를 항상 옆에 둬라.

＿ 제임스 왓슨James Watson

새로운 문제 해결의 시작

"이건 내 능력 밖이야. 도저히 해결할 수 없어."

간혹 해결 불가능한 문제와 부딪힐 때가 있다. 이때 창의적인 문제해결 능력을 갖춘 사람과 그렇지 않은 사람의 대응 방식이 확연히 드러난다. 다음 사례를 보자.

THE CREATIVE IDEAS

미국 한 호텔에서 실제 있었던 일이다. 연일 밀려드는 고객으로 인해 호텔은 복잡하기 그지없었다. 하지만 그게 문제였다. 호텔을 지을 당시에는 나름대로 여유 있게 로비를 설계했지만, 많은 사람이 오가다 보니 여간 불편한 게 아니었다. 특히 로비에 설치된 5대의 엘리베이터가 문제였다. 늘 많은 사람이 그 앞에서 줄을 서서 기다렸다. 그로 인해 로비를 가로질러 가야 하는 사람뿐만 아니라 엘리베이터를 타기 위해 기다리는 사람, 심지어 이를 지켜보는 사람도 불편했다.

엘리베이터를 늘리고, 운행 속도 역시 빠르게 해서 기다리는 사람이 없게 해달라는 의견이 여기저기서 쏟아졌다. 하지만 호텔 구조상 엘리베이터를 늘릴 수는 없다. 이런 사정을 설명하자 고객들은 그 상황을 이해하기보다는 호텔의 응대 방식에 실망한 나머지 다른 호텔을 이용하는 경우가 많아졌다. 호텔이 잘 된 탓에 최대 위기를 맞는 역설적인 상황이 일어난 것이다. 만일 여러분이 호텔 관리자라면 어떻게 이 문제를 해결하겠는가?

엘리베이터 대기 줄을 해결하는 방법은 여러 가지가 있다. 물건이 고장 나서 문제가 생기면 고치는 방법도 있지만, 새로 사는 것도 좋은 방법이다. 마찬가지로 호텔 주변에 있는 다른 호텔을 인수해 고객을 분산시키거나 아예 새로운 대지를 매입해서 호텔을 더 크게 짓는 것도 방법이다. 하지만 그렇다고 해도 현재 불만이 극에 달한 고객 마음을 누그러뜨리거나 마음이 떠난 고객을 되돌아오게 할 수는 없다. 더구나 엘리베이터에 집중된 불만을 해결하려고 호텔을 인수하거나 다시 짓는 것은 창의적 문제해결이라기보다는 뭐든지 돈으로 해결하려는 막돼먹은 문제 해결법이다.

엘리베이터 숫자를 늘릴 수 없다면, 숫자를 늘린 것과 똑같은 효과를 거둘 방법을 생각해야 한다. 예컨대, 엘리베이터 속도를 높이면 어떨까. 5대의 엘리베이터 속도를 20%만 올려도 1대를 더 추가한 효과가 나지 않을까. 하지만 속도를 높이면 대기 줄이 줄어들긴 하겠지만 안전에 문제가 생길 수 있다. 안전을 충분히 확보한다고 해도 문제다. 어린이나 노인 등 어지럼증을 호소하는 고객이라도 생기면 또 다른 불만을 일으킬 수 있기 때문이다. 그러니 속도를 조절하는 방법 역시 미봉책에 지나지 않는다.

일단, 제한조건을 살펴보자. 호텔 구조를 바꿀 수도 없고, 고객을 오지 말라고 막을 수도 없으며, 불평을 늘어놓지 말라고 고객에게 강요할 수도 없다. 그런데 이런 상황에서 호텔 관리자인 당신이 어쩔 수 없다며 팔짱을 낀 채 가만히 있다면? 머잖아 경영 악화로 인해 자리에서 쫓겨날 것이 뻔하다. 어떻게든 문제를 해결해야 한다. 그러나 해결책을 생각하면 생각할수록 길이 더 보이지 않는다. 결국, 자신의 능력으로는 도저히 그것을 해결할 수 없음을 인정해야 하는 상황에 이르게 된다. 이게 더 큰 문제다. 인정한다고 해서 "아, 힘드시군요?"라면서 위로해주는 고객은 거의 없기 때문이다. 오도 가도 못 하는 상황. 만일 이때 당신이라면 어떻게 하겠는가?

가장 먼저 현실을 냉철히 인정해야 한다. 자신의 능력으로는 더는 문제를 해결할 수 없다는 사실을 인정하는 것이다. 그것이 새로운 문제해결의 시작이다.

특정 사안에 대해서 문제를 해결해야 하는 대통령이나 대기업 총수도 자문을 받는다. 그러니 호텔 관리자인 당신도 이런 문제를 전문적으로 다루는 전문가에게 컨설팅받을 수 있다. 그렇다면 이 문제를 해결할 수 있는 전문가는 과연 누구인가. 건축가일 수도 있다. 그렇다면 만일 당신이 건축가라면 호텔 관리자에게 어떤 대안을 제시하겠는가? 호텔 구조상 엘리베이터 위치나 숫자는 변경할 수 없는 상황이라면 어떤 대안을 말하겠는가?

실제로 이 문제를 해결한 것은 건축가가 아니었다. 그는 바로 호텔 관리자가 건축가와 이야기하는 것을 옆에서 주워들은 호텔 도어맨이었다.

"안을 고칠 수 없다면, 호텔 밖에다 엘리베이터를 새로 만들면 되지 않을까요?"

처음에는 말도 안 되는 이야기라고 생각했지만, 건축가와 호텔 매니저는 곧 그의 말이 창의적 대안임을 깨달았다. 단, 한 번도 시도되지 않은 대안이었기에 적절한 구현 방법을 찾는 것이 숙제일 뿐이었다. 세계 최초로 호텔 밖에다 엘리베이터를 만든다면 손님을 더 끌어모을 수 있는 전화위복의 기회를 잡는 셈이었다.

그렇다면 도어맨은 어떻게 이런 생각을 한 것일까. 주로 밖에서 일하는 그의 입장에서는 건물 밖도 엄연히 호텔의 일부분이었다. 하지만 사무실이나 로비, 카지노, 객실 등에서 일하는 사람 입장에서 보면 호텔이란 건물 안의 공간만을 의미한다. 그러니 그들이 창의적으로 문제를 해결할 수 없었던 게 당연하다. 자기 관점에서만 생각하는 것이 이렇게 무서운 것이다.

도어맨의 아이디어가 창의적이라고 생각한 호텔 매니저는 그제야 건축가에게 호텔 밖에 엘리베이터를 만들 방법을 찾으라고 했다. 그런데 여기서 의문이 하나 생긴다. 만일 호텔 관리자가 내부의 고민을 호텔 직원에게 이야기하고, 처음부터 아이디어를 구했다면 어땠을까. 외부 전문가를 섭외하고, 난관에 부딪혀 당황하던 시간을 절약할 수 있었을 것이다. 하지만 호텔 관리자는 그렇게 하지 않았다. 자기가 호텔에 대해서 가장 많이 알고, 경험 또한 가장 많기에 다른 사람의 도움 받을 일이 없다고 생각했기 때문이다. 그래서 외부 전문가를 찾는 데 열을 올렸다. 바로 그 때문에 창의적으로 문제를 해결할 기회를 날려 버릴 뻔했는데도 말이다.

도움 구하기

수많은 자기계발서가 자기 능력을 계발해서 성공하는 비법에 관해서 말한다. 하지만 누구나 그 비법을 응용해서 성공할 수 있는 것은 아니다. 의지만 갖고 되는 것이 아니라 능력과 인내가 뒷받침되어야 하기 때문이다. 또 하나 중요한 것이 있다. 바로 다른 사람의 도움을 받는 것이다.

다른 사람의 도움을 받는 것은 당연할 뿐만 아니라 창의성을 꽃피우는 데 있어 매우 중요한 역할을 한다. "이건 내 능력 밖이야."라고 해서 문제 해결을 포기해야 하는 것은 아니다. '다른 사람의 도움'을 통해 얼마든지 창의적으로 문제를 해결할 수 있기 때문이다.

흔히 창의성은 개인적 특성이나 능력이기에 다른 사람의 도움이 필요 없는 것으로 생각하기 쉽다. 하지만 그것 역시 고정관념에 지나지 않는다. 남다른 업적을 남긴 사람 중에도 다른 사람의 도움을 적극적으로 활용해서 창의성을 발달시킨 사람이 적지 않기 때문이다.

아카데미상 3회, 에미상 2회, 여기에 뮤지컬 《코러스 라인》으로 퓰리처상을 받은 세계 최고 영화 음악 작곡가 마빈 햄리시Marvin Hamlisch는 1944년 뉴욕 맨해튼에서 태어났다. 줄리아드 음악학교에 입학했을 때만 해도 그는 자신의 능력을 오로지 클래식에 퍼부을 생각이었다. 하지만 그는 클래식이 아닌 다른 분야에서 창의성을 발휘해 큰 성공을 거두었다.

그는 영화 〈스팅〉을 비롯해서 〈007 나를 사랑한 스파이〉, 〈스타 탄생〉, 〈소피의 선택〉, 〈코러스 라인〉, 〈돈을 갖고 튀어라〉 등 다양한 영화와 뮤지컬 음악을 만들며 그 분야에서 독보적인 위치를 차지했다. 또한, 지휘자로서도 그 능력을 인정받아 뉴욕필하모닉, 보스턴 팝스 관현악단, 런던교향악단, 로열필하모니관현악단 등을 지휘했고, 피츠버그교향악단과 볼티모어교향악단의 팝스 지휘자로 활약하기도 했다.

주목할 점은 그가 자신의 성공은 순전히 자기 능력만으로 이뤄진 것이 아니라고 강조했다는 것이다. 단순히 그가 겸손했기에 이런 말을 한 것은 아니다. 실제로 그는 다른 사람의 도움을 많이 받았다. 그렇다고 해서 그의 능력이 떨어지거나 모자란 것은 절대 아니었다. 그는 창의성을 촉발하는 협동의 중요성을 잘 알고 있었고, 다른 사람의 도움을 적극적으로 활용하는 특별한 능력을 갖추고 있었다.

그는 다른 사람의 아이디어를 받아서 자신의 음악에 반영하는 것에 전혀 거부감을 느끼지 않았다. 1971년 영화 〈코치〉로 골든글로브를 수상한 이래로 그는 다른 사람의 아이디어를 적극적으로 받아들여 자신의 작업에 철저히 반영했다. 다양한 악기를 연주하며, 다양한 음악적 견해를 가진 오케스트라 단원을 지휘할 때, 새로운 장르의 뮤지컬을 기획한 사람의 요구에 따라 작곡할 때, 지금껏 작업한 것과 주제가 다른 영화 음악을 맡았을 때 역시 마찬가지였다.

이렇듯 다른 사람의 도움을 받는 것을 전문용어로 '도움 구하기help seeking behavior'라고 한다.

능력 있는 사람일수록 독립적이거나 고집이 있을 것 같지만, 진짜 능력이 있는 사람은 다른 사람에게 도움을 요청해서 그의 능력까지도 적극적으로 활용한다. 다른 사람의 아이디어를 훔치거나 착취하라는 말이 아니다. 다른 사람의 능력으로 할 수 있는 것 중에서 자기 목표와 맞아 떨어지는 것을 취하라는 것이다. 아울러 그 사람에게도 반드시 도움을 줘야 한다. 그래야만 관계를 유지하며 효율적인 도움을 주고받을 수 있다. 그런 관계를 '협력'이라고 한다.

그렇다면 왜 많은 사람이 남에게 도움 구하는 것을 주저하는 것일까. 이스라엘 텔아비브대학 심리학과 애리 나들러Arie Nadler 교수의 연구에 의하면, 자기 능력에 대한 신념이 굳은 사람일수록 다른 사람에게 도움받는 것을 마치 자기 능력에 문제가 있는 것으로 오해한 나머지 도움을 구하지 못할 뿐만 아니라 상대가 적극적으로 도와주겠다는 것 역시 반대한다고 한다.

중요한 것은 그런 사람들의 경우, 거짓된 자존감이 매우 높다는 것이다. 예컨대, 나르시시스트는 자기 능력을 과신한 나머지 무모하게 일을 벌이는 것은 물론 자기중심대로 일을 처리하려고 한다. 나르시시스트가

'진정한 자존감'이 있다고 평가하지 않는 것도 바로 그 때문이다. 그 결과, 자기 혼자만 문제해결을 잘한다고 생각할 뿐 실제로는 성과도 별 볼일 없을 뿐더러 창의성과도 거리가 매우 멀다.

진정한 자존감은 다른 사람이 도와줘도 자기 일에 대한 능력은 여전하다는 믿음 역시 포함되어 있다. 그러니 자기 능력을 일로 증명해 보이기 위해 다른 사람을 억지로 배제하는 것은 진정한 자존감이 아니다.

자기 능력을 과신할수록 협력 가능성은 물론 자기 능력을 뛰어넘을 가능성 역시 줄어든다. 반대로 자기 능력의 부족함을 인정하거나, 다른 사람의 능력을 존중해서 다른 사람과 적극적으로 협력하면 양적으로나 질적인 면에서 문제해결 능력이 크게 발전할 수 있다.

생각의 파장이
비슷한 사람 찾기

짐 메이슨Jim Mason은 원래 평범한 농부였다. 5대째 내리 농사짓는 집안에서 태어나 자연스럽게 가업을 이어나가던 그에게 농사는 삶의 전부였다. 그런데 갑자기 그의 집 근처에 공장식 농업을 하는 대형 농장이 생겼고, 그 폐해에 분노한 그는 농사를 포기하고 법을 공부하기 시작했다. 그러던 중 피터 싱어Peter Singer의 《동물 해방Animal Liberation》을 읽고 큰 충격을 받은 그는 즉시 그를 찾아가서 공장식 농업의 폐해를 다룬 책을 함께 쓰자고 제안하기에 이른다.

만일 우리가 짐 메이슨이었다면 피터 싱어에게 도움을 구하러 갈 수 있었을까. 메이슨은 얼마 전까지 농부였고, 피터 싱어는 멜버른대학과 옥스퍼드대학에서 공부한 실천 윤리학자로 《뉴요커New Yorker》 잡지에서 '살아있는 최고의 논쟁적 철학자'로 선정할 만큼 석학 반열에 올라 있었다.

협력하기에는 두 사람의 지적 배경과 수준이 너무도 달랐다. 하지만 이는 편견에 불과했다. 두 사람에게는 서로의 능력과 생각을 있는 그대로 읽을 수 있는 눈이 있었기 때문이다. 두 사람은 대형 농장 시스템에서 잔인하게 사육되고 있는 동물들을 우리가 맛있게 먹는 것이 과연 윤리적으로 옳은 일인가라는 공통된 관심사와 서로 협력해서 나올 수 있는 공동 성과에 대한 믿음, 나아가 그것을 이루기 위해 수평적 관계에서 협력하겠다는 열린 마음을 갖추고 있었다. 마빈 햄리시가 "서로 생각의 파장이 비슷하면서도 같은 작업을 원하는 사람을 찾아야 하는 것은 기본이다"라고 한 말과 딱 맞아 떨어지는 이야기다.

두 사람은 1980년 《동물 공장Animal Factory》이라는 책에 수익을 극대화하려는 대형 농장이 어떻게 동물을 학대하고, 환경과 소비자 건강을 위협하며, 영세 농가를 어떻게 파괴하는지 등의 정보를 면밀하게 분석해 세계 지식계에 큰 충격을 주었다. 협력이 소기의 목적을 달성한 것이다. 하지만 그 성공은 그리 오래가지 않았다. 사회적 반향을 일으키는 데 실패했을 뿐만 아니라 책이 곧 절판되고 말았기 때문이다. 그 결과, 대형 농장의 폐해는 일반 대중의 무관심 속에서 전 세계로 확대되었고, 동물 보호론자 및 환경주의자, 소외된 계층을 보호해야 한다는 단체의 주장은 현실을 잘 모르는 이상주의자의 이야기쯤으로 치부되고 말았다.

그런데도 짐 메이슨은 다양한 매체에 칼럼과 책을 쓰면서 자기주장을 이어갔다. 다행히 그의 주장에 동조하는 사람이 점점 늘어나기는 했지만 미미한 수준에 불과했다. 이에 짐 메이슨과 피터 싱어는 다시 책을 쓰기로 하고 더 열심히 현장을 취재하고 직접 실험을 하는 등 최선을 다했다. 그 결과물이 바로 2006년 출간되어 동물 학대의 진짜 주범은 맛있는 고기를 탐하는 우리 모두라고 했던《죽음의 밥상The Way We Eat — Why Our Food Choices Matter》이다. 이 책에서 짐 메이슨은 공포에 질린 돼지의 눈이 모든 것을 드러내고 있다고 말한다. — 더 자세한 이야기와 사진은 그의 홈페이지(http://www.jimmason.website)를 참고하기 바란다.

창의성을 만드는 협력은 일회성 이벤트가 아니다. 다시 말해 일회성 협력으로는 자기 능력을 뛰어넘는 수준의 창의적 업적을 절대 만들 수 없다. 따라서 뛰어난 성과를 만들어 내려면 지속해서 협력할 수 있는 사람을 찾아야 한다.

나를 자극하는 경쟁자 만들기

프랜시스 크릭Francis Crick과 제임스 왓슨James Watson은 DNA 이중나선 구조를 발견한 공로로 1962년 노벨 생리의학상을 수상했다. 두 사람은 로잘린드 프랭클린Rosalind Franklin이 찍은 X선 회절사진에서 결정적인 단서를 얻었다. 그런데 여기서 한 가지 의문이 생긴다. 프랭클린이 찍은 X선 회절사진이 DNA 이중나선 구조를 발견한 결정적인 단서였다면, 정작 사진을 찍은 당사자인 프랭클린은 왜 그 사실을 발견하지 못했을까. 혹시 창의성에는 뛰어난 능력과 열정 외에도 다른 요소가 필요한 것은 아닐까.

DNA 이중나선 구조의 발견은 알베르트 아인슈타인Albert Einstein의 상대성이론과 함께 20세기 인류가 이룩한 가장 중요한 과학 업적으로 꼽힌다. 그것을 계기로 생명 현상을 분자 수준에서 다룰 수 있게 되어 분자생물학이 급격히 발달했을 뿐만 아니라 최근 눈부신 발전을 거듭하고 있는 생명과학에도 큰 영향을 끼쳤기 때문이다.

이렇듯 DNA 이중나선 구조의 발견은 과학 발전에 창의적인 전환점을 제공했다. 이는 거의 모든 사람이 동의하는 사실이기도 하다. 하지만 DNA 이중나선 구조를 발견한 공로 대부분을 크릭과 왓슨 두 사람이 차지하는 것에 관해서는 이견이 많다.

1940년대 이전까지는 단백질이 주요한 유전물질로 받아들진 반면, 1950년 전후 연구자들 사이에서는 'DNA가 핵심적인 유전물질일 수도 있다'는 주장이 제기되기 시작했다. 하지만 DNA 구조를 알지 못했기에 구체적으로 어떤 메커니즘을 통해 유전에 영향을 주는지 정확히 설명하지 못했다. 그런 상황에서 1951년 제임스 왓슨과 프랜시스 크릭이 만나게 되었다.

두 사람은 태어난 대륙은 물론 살아온 환경과 경력, 전공 등 많은 면에서 달랐지만, 과학에 관한 열정과 DNA에 관한 호기심만은 일치했다. 하지만 왓슨이 16살에 시카고대학에 입학해 동물학을 전공한 후 22살에 바이러스 연구로 박사학위를 받을 정도로 뛰어난 능력을 발휘한 반면, 크릭은 런던대학에서 물리학 학사 학위를 취득한 것이 전부로 왓슨을 만나기 전까지는 특별한 과학적 능력은 물론 박사학위조차 받지 못한 35살의 평범한 대학원생에 지나지 않았다.

두 사람이 1951년 영국 케임브리지 캐번디시연구소Cavendish Laboratory에서 만난 것은 운명이었다. 그들은 유전자 구조에 관한 다양한 이야기를 나눴고, DNA를 어떻게 연구할 것인지에 관해 열심히 토론했다. 그리고 곧 함께 연구하기로 했다.

왓슨은 1968년 출간한 《이중 나선The Double Helix》에서 크릭과의 만남을 두고 "단백질보다 DNA가 더 중요하다는 사실을 아는 사람을 만난 것이야말로 진짜 행운이었다."라고 얘기한 바 있다. 생각건대, 짐 메이슨이 피터 싱어를 만났을 때도 아마 이런 느낌이었을 것이다.

왓슨과 크릭은 직관적 창의성의 핵심인 '문제 발견'Problem Finding에 집중했다. 그렇다고 해서 그들이 창의적 업적을 가장 먼저 달성할만한 최고의 팀으로서 필요충분조건을 갖춘 것은 아니었다. 수백, 수천 명에 달하는 연구자중 한 명이었을 뿐이다.

당시 DNA의 비밀을 연구하는 사람 중에는 1954년 노벨 화학상과 1962년 노벨 평화상을 받았던 당대 최고 화학자 라이너스 폴링Linus Pauling이 있었는데, 왓슨과 크릭은 폴링이 쓰던 방법을 이용해서 DNA 구조를 밝히기로 했다. 다른 사람이 쓰는 방법을 쓰다니, 창의성과는 거리가 먼 것처럼 보이지만, 다른 사람의 능력을 활용해서 자신의 목표를 해결하려고 했다는 점에서 매우 창의적인 행동이었다. 실제로 폴링은 한 인터뷰에서 "왓슨과 크릭이 DNA 구조를 설명한 방법은 오래전에 내가 단백질의 알파 나선형 구조를 밝힐 때 사용한 방법이었다"며 두 사람에게 공로를 빼앗긴 것에 관한 서운함을 감추지 않았다.

X선 회절사진을 이용해 DNA 구조를 연구하던 로잘린드 프랭클린과 모리스 윌킨스Maurice Wilkins 역시 왓슨과 크릭의 경쟁자로 당시 이 분야의 선두 자리를 차지하고 있었다. 특히 윌킨스는 DNA는 나선형 구조로 되어 있다는 당시로써는 획기적인 주장을 펼쳐 화제가 되기도 했다.

여기까지만 놓고 보면 왓슨과 크릭에게는 전혀 가망이 없었다. 그들의 장점이라고는 딱 두 가지였다. 첫째, DNA가 문제의 핵심이며, DNA 모양은 예쁘고 단순한 나선형일 것이라는 직관을 끝까지 밀고 나갔다는 것. 두 번째, 그 직관을 더 멋지게 만드는 비법, 즉 현실적인 성과를 빨리 확인하기 위해 다른 사람과 지속해서 협력했다는 점이다. 특히 왓슨보다 12살이나 나이가 많았던 크릭은 모든 상황을 더 긍정적으로 바라보았다. 그는 고독한 사색가일수록 자기 생각에 집착하게 된다고 믿었다. 그래서 혼자보다는 두 사람이 하는 연구가 훨씬 더 유리하다고 생각했다. 똑같은 관심사를 서로 다른 관점을 통해 분석할 수 있을 뿐만 아니라 의견을 교환하는 과정에서 서로 창의성을 촉진한다고 믿었기 때문이다. 결국, 이 믿음은 시간이 갈수록 효과를 나타내기 시작했고, 하루 단위로 결과가 바뀌는 경쟁 상황 속에서 그들이 최종 승자로 등극하는 버팀목이 되었다.

1952년 4월 로잘린드 프랭클린은 새로운 형태의 X선 사진A-form을 찍었다. 그런데 거기서 나온 DNA 구조는 나선형 모습이 아니었다. 이에 그녀는 그해 5월 1일 DNA가 나선형으로 되어 있지 않다고 주장하기에 이르지만, 얼마 후에는 나선형으로 이루어진 새로운 X선 사진B-form을 얻었다. 그야말로 뒤죽박죽이었다. 급기야 그녀의 공동 연구자였던 윌킨스는 연구 결과에 절망하며 연구 중단을 선언하고 만다.

크릭은 프랭클린에게 나선형으로 찍히지 않은 사진이 잘못됐다고 했지만, 그녀는 그 말을 믿지 않았다. 오히려 나선형이 아닌 사진을 분석하는 일에 더 몰두했다.

폴링 역시 밀도 검사를 통해 DNA가 3중으로 돼 있다는 모델을 만든 후 이를《네이처Nature》에 기재했다. 그러나 왓슨은 프랭클린 연구소에서 B-form 사진을 우연히 본 후 이중나선 구조가 맞는다고 확신했다. 이제 문제는 어떻게 DNA가 이중나선 구조로 배열되어 있느냐는 점이었다. 그즈음 프랭클린 역시 다시 방향을 전환해 B-form의 나선형 연구를 시작했다. 하지만 바로 그날 왓슨은 이중 구조에 대한 연역적 추론을 진행했고, 몇 번의 실패 끝에 마침내 이중나선 구조를 만드는 데 성공했다. 프랭클린도 A-form과 B-form을 통합해 하나의 DNA 모델을 만들어내려고 하던 바로 그 순간에 말이다. 실로 긴박한 경쟁의 연속이었다.

왓슨과 크릭은 미국 생화학자 어윈 샤가프Erwin Chargaff가 밝힌 DNA의 화학 조성에 관한 데이터를 이용해 DNA 염기배열에 중요한 단서를 찾아냈고, 자신들의 직관을 버리지 않았다. 그리고 그것을 바탕으로 자료를 다시 분석한 결과, DNA의 이중나선 구조를 확신하고 곧장 연구실로 달려가 나선형 모형을 만들었다. 이것이 바로 그 유명한 DNA 이중나선 구조 모형이다. 그들은 연구결과를 아주 짧은 논문으로 정리해 과학저널《네이처》에 보냈고, 1953년 4월 25일《네이처》에 그것이 실리면서 긴박했던 경쟁은 마침내 그들의 승리로 끝났다.

왓슨과 크릭은 직접 남다른 실험 결과를 얻거나 거대한 지원 및 인정을 받던 연구자가 아니었다. 오히려 경쟁자들의 도움을 받던 약자에 가까웠다. 그러나 앞서 살펴보았듯이 '도움 구하기' 역시 엄연히 창의적 업적을 만드는 데 있어 매우 중요한 역할을 한다. 그런 점에서 왓슨과 크릭은 능력 있는 사람들을 만났고, 그들로부터 도움받기에 전혀 주저함이 없었기에 위대한 업적을 달성할 수 있었다.

지적인 경쟁자를 항상 옆에 둬라

인터뷰어　　박사님, 한 가지 궁금한 것이 있습니다. 박사님 사례를 통해서

다른 사람에게 도움받는 것이 창의성 발달에 큰 도움이 된다는 사실은 알겠습니

다. 그런데 그 도움을 효과적으로 받을 수 있는 비법 같은 것은 없나요?

왓　　슨　　도움도 사람을 가려서 받아야 합니다. 겉보기에는 도움이 될

것 같지만, 해를 입히는 사람에게 도움을 받으면 과연 어떻게 될까요? 도움 구하

기를 하지 않는 것만 못할 것입니다. 저는 대학 시절 '인기 있는 사람을 가까이하

기보다는 똑똑한 사람을 가까이 하자'는 신조로 친구를 사귀었습니다. 인기 있는

사람은 너무 많은 사람에게 둘러싸여 있어서 제가 도움이 필요할 때 제대로 도와

줄 수 없거나 성격 또는 외모만 뛰어나서 지적인 능력과 거리가 먼 경우가 많았거든요. 그래서 과학 쪽에 뜻이 있던 저는 똑똑한 친구들을 사귀어서 도움을 받으려고 노력했습니다.

인터뷰어　　　또 다른 비법은 없나요?

왓　슨　　　도움을 반드시 친구에게만 받으려고 하지 마세요. 그러면 경쟁자에게 뒤처질 수 있습니다. 경쟁자에게서 받는 도움에도 신경 써야 합니다. 제가 프랭클린이나 윌킨스, 폴링 등과 교류하려고 했던 것처럼 말입니다.

인터뷰어　　　과연 상대방이 경쟁자인 제게 도움을 주려고 할까요?

왓　슨　　　경쟁자의 수준에 따라 다릅니다. 실력이 서로 엇비슷한 상황이라면 도움을 주지 않을 가능성이 높습니다. 하지만 수준 차이가 크게 나면 어떨까요? 상식적으로는 기가 죽어서 지레 포기할 것 같지만, 사실은 고만고만한 사람과 경쟁하기보다는 탁월한 사람과 경쟁할 때 더 열정적으로 일할 수 있는 법이지요. 그러니 경쟁자를 탁월한 수준의 사람으로 정하세요. 그러면 그 사람 입장에서는 제가 절대 경쟁자로 보이지 않아 많은 것을 배울 기회가 생깁니다. 비록 제 실력이나 야망을 우습게 여겨도 당분간은 와신상담하는 심정으로 참아야 합니다. 그러면 상대방은 저와 실력이 아주 비슷하다고 생각해서 저를 경계하기 전까지는, 자신의 자긍심을 지키기 위해서라도 많은 도움을 줍니다.

인터뷰어　　　박사님과 크릭 박사님께서 지식 차이가 크게 나는 생물학 분야 대가들과 교류하셔서 결국 해당 분야에서 최고가 되셨던 것처럼 말인가요?

왓   슨   그렇습니다. 저는 특히 개인적으로 자신의 경쟁자라고 생각하는 사람과 늘 접촉하기를 권합니다. 똑같은 관심 분야에 대해서 함께 고민하는 셈이니, 일종의 협력관계에 있는 공동 연구자와 별 차이가 없습니다. 잘 하는 것은 잘하는 대로 배우고, 못하는 것은 그 나름대로 교훈을 얻게 되어 시행착오 역시 줄일 수 있습니다. 멀리 보고 가다 보면 지치기 쉬운데, 경쟁자의 성과에 계속 자극 받을 수도 있으니 여러 면에서 좋지요.

인터뷰어   결국, 경쟁자에게 가장 많은 도움을 받으라는 말씀 같네요.

왓   슨   그렇습니다. 또한, 어려운 상황에 부닥쳤을 때 자신을 도와줄 수 있는 친구를 항상 곁에 둬야 합니다. 경쟁자는 제가 쓰러졌을 때 도와줄 친구는 아니까요. 경쟁자를 가까이 두되, 저를 100% 지지할 수 있는 사람 역시 한두 명쯤 꼭 옆에 두세요. 그러자면 평소 그 사람에게 잘해줘야 합니다. 장기적인 협력관계는 계속 도움을 주고받아야만 유지될 수 있으니까요.

다른 인물, 같은 창의성 __ 월트 디즈니

월트 디즈니Walt Disney가 다른 사람에게 도움받는 데 인색했다면 평범한 애니메이터에서 멈췄을 게 틀림없다. 그러니 디즈니 월드 역시 만들지 못했을 것이다. 하지만 그는 그가 만난 사람들의 능력을 적극적으로 활용해서 원대한 꿈을 이룰 정도로 아주 탁월한 능력을 갖추고 있었다. 이에 계속해서 자신의 꿈을 펼칠 사업에 관해 생각했고, 그것을 도와줄 만한 사람을 만나 적극적인 도움을 요청했다. 디즈니 대표 캐릭터인 미키 마우스와 도널드 덕 역시 그 혼자서 만든 것이 아니다. 미키 마우스는 어브 아이웍스Ub Iwerks가 만들었고, 미키 마우스라는 이름을 붙여준 사람은 그의 부인 릴리언 디즈니Lillian Marie Disney였다. 이렇듯 그가 다른 사람의 도움을 많이 받았다고 해서 그의 능력이 보잘것없거나 그의 역할이 하찮다고 할 수 있을까.

자기 안에 자신을 가두지 말자. 자기를 발전시키는 방법에 대해서 창의적으로 생각해야 한다. 세상은 넓고 도움받을 수 있는 사람은 많다. 한낱 자존심 때문에 그 기회를 날려선 안 된다. 먼 곳에 있는 사람이라도 도움이 필요하다면 적극적으로 도움을 구하자. 어차피 포기하려고 했던 문제인데, 더 잃을 게 뭐 있는가.

도움을 구하려고 해도 도와줄 사람이 생각나지 않는다면? 그때는 주변 인맥을 활용하거나 SNS를 통해 도움을 구하자. 다양한 시각에서 나온 답을 얻을 수 있을 것이다. 비록 직접적인 해결책은 얻지 못할 수도 있지만, 포기한 상태에서 더 나아갈 수 있는 대책을 세울 영감을 얻는 것은 물론 좀 더 긍정적인 삶으로 우리를 안내할 수 있다.

같은 인물, 다른 창의성 __ 제임스 왓슨

제임스 왓슨은 DNA 구조를 밝힌 후 일약 과학계의 스타로 거듭났다. 그는 하버드대학 생물학과 교수로 일하며 게놈 프로젝트를 주창했으며, 1988년 9월 미국 에너지부U.S. Department of Energy, DOE의 전폭적인 지원 아래 프로젝트의 초대 책임자를 맡기도 했다.

게놈 프로젝트는 인간이 지닌 모든 유전자를 해석함으로써 생명의 비밀을 알아내려는 학문적 목적과 함께 질병 원인과 치료법을 개발하려는 실용적인 목적을 갖고 있다. 이에 왓슨은 젊은 시절 열정과 창의성을 불태웠던 학문적 탐구 목적 외에 다양한 분야 사람들이 협력하며 실용적 창의성을 발휘하는 새로운 일에 다시 도전한 셈이다.

진정한 발견은 긴 항해 끝에 신천지를 찾는 일과 같은 것이 아니라
매일 접하는 것이라도 다르게 볼 줄 아는 것이다.

__마르셀 프루스트Marcel Proust

잡동사니도 명작으로 만들기

나는 천재가 아니다. 모든 사람이 나처럼 지속해서 끊임없이 진리를 탐구했다면

그들 또한 나와 같은 발견을 했을 것이다.

__ 칼 프리드리히 가우스Carl friedrich Gauss

중요한 것,
필요한 것만 보기

협력할 사람을 찾으려면 관찰력이 필요하다. 관찰은 그저 눈으로 보는 것만이 아니다. 관찰이 무엇인지를 확인해보자.

다음 그림에서 가장 눈에 띄는 것은 무엇인가?

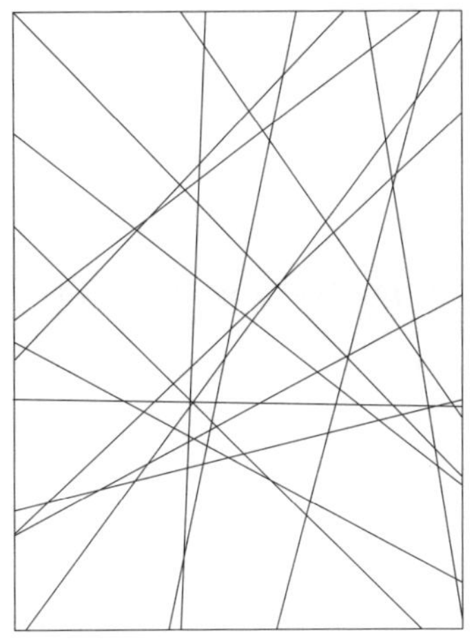

창의성을 찍어내는 기계가 있다면 얼마나 좋을까. 손에 잡히는 대로 아무거나 넣어도 세상이 깜짝 놀랄 만한 창의적인 결과가 척척 나오는 장면을 상상만 해도 신난다. 그런데 이런 일을 상상이 아닌 실제로 경험하는 사람들이 있다. 꿈에서 본 장면에 자극받아 놀라운 업적을 만든 과학자, 자동차를 타고 가다가 우연히 본 단어 몇 개에 영감 받아 장편소설을 쓴 작가, 장모가 소리 지르며 욕하는 것을 듣고 세계적인 오페라를 작곡한 음악가가 바로 그들이다.

이렇듯 창의적인 사람은 남들이 우습게 여기는 것을 '입력input' 받아도 놀라운 성과를 '출력output'한다. 그것도 아주 쉽고, 천재적인 방법으로. 어떻게 이런 일이 가능한 것일까. 19세기에 활동한 미국 정치가 루이스 윌튼Lewis H. Wilton은 이에 대해 다음과 같이 말한 바 있다.

"진정한 천재란 비범한 일을 수행하는 능력이 아닌 평범한 일을 비범하게 수행하는 능력을 갖춘 사람을 말한다."

천재를 천재답게 만드는 창의성 비법은 '입력'과 '출력' 사이에 있는 '처리 과정'에 있다.

사람들은 똑같은 것을 봐도 생각하는 바가 제각각 다르다. 즉, 입력이 똑같아도 처리 과정이 다양하다. 창의적인 사람이 잡동사니를 갖고도 명작을 만드는 것은 '처리 과정'의 미묘한 역할 때문이다. 똑같은 자극을 입력받아도 평범한 생각을 하면 평범한 결과를 내고 평범한 능력을 갖춘 사람으로 평가받는다. 그 결과, 자신이 내놓는 평범한 업적에 스트레스받으며 평범한 생활을 한다. 하지만 창의적인 사람들은 능력을 인정받고 남들이 부러워하는 업적을 만들어내며, 자유롭고 활기찬 생활을 즐긴다.

결국, '처리 과정'이 가장 중요하다. 하지만 '처리 과정'에 대해 진지하게 성찰하는 사람이나 창의성에 관해 다룬 책은 거의 없다. 대부분 성장 환경과 같은 '입력'이나 업적과 같은 '출력'을 중점적으로 다룰 뿐이다. 그 때문에 끊임없이 창의성을 발휘하는 것은 아주 특별한 사람들, 즉 천재들만 갖추는 능력이라고 오해하는 사람이 많다. 정확히 말하면 천재가 창의적인 것이 아니라 창의적이어서 천재가 될 수 있는 것인데도 말이다. 중요한 것은 창의적인 사람이 되기 위해서 꼭 천재가 될 필요는 없다는 것이다. 평범한 생각에서 조금만 벗어나도 창의적일 수 있다.

다음과 같이 똑같은 그림을 입력받아도 창의적인 사람과 그렇지 않은 사람은 처리 과정이 확연히 다를 것이다.

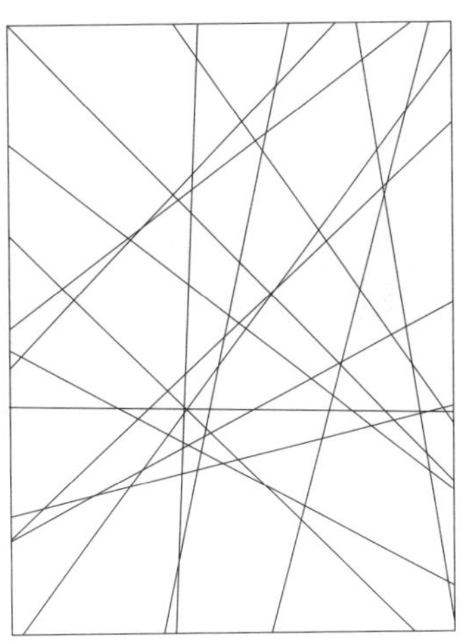

위 그림에서 어떤 사람은 복잡하게 엉켜있는 선을 보지만, 어떤 사람은 어린 시절 했던 실뜨기 놀이나 낙서를 보기도 한다. 심하게 금 간 유리나 미술 시간에 본 칸딘스키의 형이상학적인 작품을 떠올리는 사람도 있다. 저마다 전혀 다른 시각에서 그림을 보기 때문이다.

그렇다면 창의적인 사람은 위 그림에서 무엇을 볼까. 이 질문에 답하기 위해서는 창의적인 사람의 특징에 관해 우선 알아야 한다.

창의적인 사람은 아무리 복잡한 실타래처럼 엉킨 문제라도 쉽게 해결의 실마리를 찾는다. 또한, 그들은 다른 사람들이 무의미하다며 무시하고 포기한 것을 조합해서 전혀 다른 결과를 얻는다. 어떻게 그런 일이 가능한 것일까.

창의적인 사람은 문제를 볼 때 의미 있는 패턴을 잘 뽑아내기 때문이다. 그들은 앞서 제시한 그림처럼 아주 단순한 것에서도 꽤 유의미한 의미를 잘 찾는다. 그 결과, 의미 있는 생각을 하고, 의미 있는 결과를 만들어내며, 의미 있는 행동과 생활을 한다. 이것이 바로 관찰을 통한 '발견의 힘'이다.

미국 코넬대학 존 데이시John S. Dacey 박사의 연구에 의하면, 창의적인 사람은 폭넓은 시각으로 세상을 바라보고, 직관적으로 전체와 부분 관계를 파악한다고 한다. 예컨대, 앞서 제시한 그림을 창의적인 사람에게 보여주면 다음과 같이 의미 있는 형태를 '발견'한다고 한다.

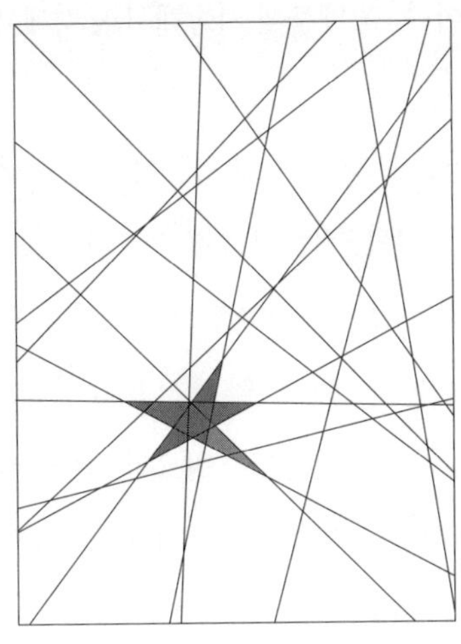

이런 간단한 '숨은그림찾기 검사embedded figures test' 결과가 뭐 그리 대단하냐고 할 수도 있다. 그러나 같은 것을 보고도 다른 것을 발견하는 것이 바로 창의성의 기본이다. 그런 점에서 '관찰'은 '입력'을 창의적으로 바꾸는 가장 기본적인 처리 과정이라고 할 수 있다.

창의적인 관찰이 없으면, 창의적인 생각도 없다. 창의적인 관찰은 그저 눈에 들어오는 사물을 있는 그대로 보는 것이 아니다. 그것은 수동적인 과정이 아닌 빠르고 새롭게 의미 있는 형태로 자료를 재구성하는 능동적인 과정이다. 창의적인 사람이 쉽게 통찰을 발휘하는 것도 이런 의미를 찾는 능동적인 관찰력이 매우 뛰어나기 때문이다. 하지만 주의할 점이 있다. 창의적인 관찰은 아주 역동적인 과정이기에 한두 번의 성공에 만족해서는 안 된다는 것이다. 그 때문에 지속해서 노력해야만 더욱 창의적인 생각을 할 수 있다.

다시 첫 번째 그림을 보자. 이제 별 모양이 훨씬 뚜렷하게 보일 것이다. 창의적인 관찰을 할 줄 아는 사람과 똑같은 능력을 갖추게 되었으니 뿌듯해할 수도 있다. 하지만 그게 생각의 함정이다. 뒤늦게 별을 본 것은 별을 '관찰'해서 본 것이 아니라 별을 '기억'해서 본 것일 뿐이다.

별이 아닌 커다란 이등변 삼각형이 필요한 상황에서는 복잡한 선에서 이등변 삼각형을 발견해야 의미가 있듯 마름모를 구해야 하는 상황에서는 별이나 삼각형보다 마름모를 찾아야 한다.

창의적인 문제해결이 문제 상황에 딱 들어맞는 것처럼 보이는 것은 관찰을 통해 문제해결 조건에서 의미 있는 것을 발견하기 때문이다. 예컨대, 일반인이 보기에는 뭐가 뭔지 분간조차 힘든 방사선 사진에서 문제점을 찾아내는 의사의 능력이나 다른 과학자들은 무시하는 자료 속에서 의미 있는 개념을 추출하는 과학자의 능력, 다른 기업에서는 개념조차 잡지 못하는 새로운 사업 가능성을 찾는 기획자의 능력 역시 그와 유사하다.

남다른 관찰력으로 유명한 프랑스 과학자 파스퇴르는 어린 시절 가족과 친구의 초상화를 전문 화가 수준 이상으로 그렸고, 그 일부는 아직도 파스퇴르 박물관에 전시되어 있다. 당시 그와 교류했던 화학자 오귀스트 로랑August Laurant 역시 화가였고, 최초로 과학적 색채론을 주장한 세계적인 문호 괴테Johann Wolfgang Von Goethe 또한 화가였다. 그들은 그저 여러 능력을 각각 다른 분야에 쓰는 인물, 즉 다재다능하기만 한 사람이 아니었다.

똑같은 능력을 과학과 예술에 모두 사용할 줄 알았던 효율적인 문제 해결자였다. 남들이 무시하는 현상 속에서 불필요한 것은 제거하고 중요한 것, 필요한 것만 보는 능력이 여러 분야에서 남다른 성취를 하게 했을 뿐이다.

관찰을 통해
생각 재구성하기

창의적인 사람이 되려면 보고, 아는 것에서 멈춰선 안 된다. 본 것을 토대로 재구성해야 한다.

다음 계산 문제를 보자.

$$1+2+3+4+5+6+\cdots+94+95+96+97+98+99+100=?$$

대부분 무작정 덧셈을 할 것이다. 포기하는 것보다는 낫지만, 곧 단순한 계산 문제가 아닌 심오한 인내력이 필요함을 알고 절망할 것이다. '1 더하기 2'는 '3', 거기에 '3'을 더하면 '6', 거기에 '4'를 더하면 '10'…. 이런 식으로 100까지 더하면 된다. 간단하지만, 시간이 오래 걸릴 뿐만 아니라 문제해결 경험을 바탕으로 나중에 적용할 문제 범위가 넓지 않다는 단점이 있다.

문제는 그다음이다. 100이 아니라 1,000이나 10,000까지 더하라고 해도 똑같은 방법으로 해결할 수 있을까. 사실 100까지 더하는 일도 쉽지 않다. 그러니 이 방법으로 문제를 푼 학생은 남다른 인내력을 갖고 있음을 칭찬받아 마땅하다. 하지만 대부분은 이런 학생을 '평범하다'라고 하지 않고 '미련하다'라거나 '답답하다'며 손가락질한다. 이에 그 학생은 이렇게 불평할지도 모른다. "더하기밖에 배우지 않았는데 다른 방법을 알 리 없지 않으냐?"라고 말이다.

같은 문제도 다르게 관찰해서 다른 방법을 생각하는 것이 바로 창의적인 문제 해결의 시작이다. 단순한 계산 문제에 무슨 창의성이 필요하냐며 의문을 품을 수도 있다. 그러나 창의성은 산신령의 세 가지 소원처럼 특별히 순간에 몇 번만 쓸 수 있는 것이 아니다. 창의적인 사람들이 일상적으로 활용하는 능력이기 때문이다. 창의적인 사람들은 일상에서 접하는 어떤 상황도 당연하다고 생각하지 않는다. 그들은 뭔가를 당연하다고 생각하는 것, 즉 고정관념과 항상 싸운다. 그런 점에서 그들은 관찰하는 것부터가 다르다.

다시 한번 문제를 살펴보자. 문제의 숫자는 일정한 간격으로 1씩 증가하고 있다. 이를 이용해 어떤 원리를 발견하면 뭔가 해결될 것 같은 느낌이 들지 않는가. (뭔가를 찾을 것 같다는 느낌을 인지 심리학에서는 '실마리를 잡은 느낌'이라고 한다) 그것은 이미 문제 구조를 눈치챘다는 방증이다.

수학 천재 칼 프리드리 가우스^{Carl Friedrich Gauss}는 이 문제의 구조를 먼저 살폈다. 그 결과, 나열된 숫자를 처음과 끝에서 하나씩 가져다 더하면 일정하게 똑같은 수가 나온다는 사실을 '발견'했다. 문제에 숨어있던 의미 있는 패턴을 발견해서 능동적으로 재구성한 것이다.

흔히 사람들은 문제를 접하면 그 문제가 하나만 묻고 있다고 생각하고, 그 이외의 가능성은 모두 닫고 만다. 그러나 창의적인 사람들은 다르다. 그들은 이 세상에 당연한 문제는 없으며, 문 없는 벽은 없다고 생각한다. 따라서 어떤 문제건 자신이 찾은 문을 열어 새롭게 해석한다. 심리학자와 교육학자들은 이를 '문제 재정의'라고 한다.

가우스는 1부터 100까지 순차적으로 더해야 한다는 고정관념을 버리고 문제 구조를 관찰한 후 그것을 바탕으로 자기 생각에 맞게 문제를 재정의했다. 그런 점에서 창의성은 주어진 문제를 재정의해서 새로운 해결 방식을 발견하는 것이다. 따라서 앞서 제시한 문제의 경우 합이 101이 되는 개수를 세면 원하는 답(100×101÷2=5050')을 구할 수 있다. 이것을 일반화시킨 공식이 바로 가우스의 '등차수열 공식'이다.

흔히 공식은 처음부터 있던 것으로 생각하기 쉽다. 하지만 그 어떤 공식도 문제를 새롭게 재정의하고 창의적으로 해결하는 과정에서 얻어진 것이다. 이를 무시하고 무조건 공식을 외워서 시험 볼 때 기억을 짜내려 뇌를 폭발 지경까지 몰고 가는 사람도 더러 있다. 공식을 외워서 풀거나 공식을 이해해서 풀거나 답은 똑같다며 공식을 이해하거나 새롭게 유도하는 사람을 미련하게 보기도 한다. 이런 사람들은 모른다. 창의성은 용불용설(用不用說, 자주 사용하는 기관은 세대를 거듭함에 따라서 발달하고 사용하지 않는 기관은 퇴화하여 없어지게 된다는 학설)의 원리를 따른다는 것을. 짧게라도 창의적인 관찰을 거쳐야만 창의성은 발달한다. 즉, 얻는 답이 똑같더라도 과정은 달라야 한다.

이제 가우스의 창의적인 문제해결 방법을 익혔다. 그러나 아무리 창의적인 방법이라도 그다음 사람이 고민 없이 사용하면 일반적인 문제해결 방법에 지나지 않는다. 최선을 다해 문제를 분석하고 구조를 발견하려고 노력할 때만 창의성은 발전한다. 다른 사람의 답만 외우면 오히려 고정관념을 늘리는 셈이다. 창의성에 나온 문제에 대한 답을 많이 알고 있어도 창의적이지 않거나 혹은 보통 사람보다 오히려 못한 것은 바로 이 때문이다. 아는 것이 바로 보이더라도 머리만 믿고 무조건 달려들지 마라. 관찰을 통해 그것을 재구성해 머리를 새로운 창의성으로 채워야 한다.

흔히 창의성을 보석에 비유하곤 한다. 하지만 창의성은 보석이라기보다는 주물에 담긴 뜨거운 쇳물에 가깝다. 불타오르는 열정으로 그것을 자유자재로 바꿀 수 있기 때문이다. 그 때문에 창의적인 사람이 생각을 폭발시키면 전혀 연결되지 않을 것 같던 영역까지 넘나들며 문제를 해결하곤 한다. 특허청 직원이었던 아인슈타인이 그랬고, 사회생물학이라는 분야를 만든 에드워드 윌슨Edward Wilson이 그랬으며, IT 역사에 큰 업적을 남긴 스티브 잡스Steve Jobs 역시 그랬다.

한때 창의적이었던 사람이 말도 안 되게 실패하는 경우가 더러 있다. 이는 상황을 유연하게 보지 않고 기존 답과 고정관념에만 사로잡혀 있기 때문이다.

창의성은 유연성이 생명이다. 복잡한 선에서 별 모양을 볼 수 있듯이 삼각형이 필요할 때는 삼각형을 찾을 줄 알아야 하고, 삼각형 두 개가 대칭으로 맞닿아 있는 것을 찾아야 할 때는 그것을 볼 줄 알아야 한다. 그런 점에서 기존의 관찰 결과 역시 뒤엎을 줄 알아야 한다.

창의적인 관찰은 보물을 찾아서 창고에 쌓는 과정이 아닌 보물을 찾기 위해서 달리는 과정이다. 따라서 기존에 가진 생각의 짐을 버리지 못하면 그만큼 창의성에 도달하는 길 역시 더딜 수밖에 없다.

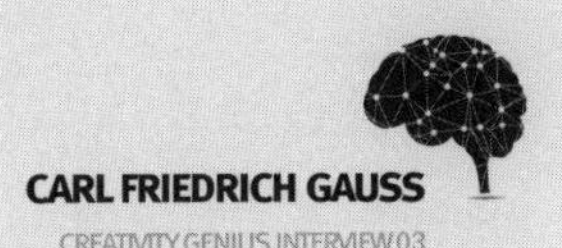

열린 마음으로 세상을 관찰하라

인터뷰어　　선생님께서는 여러 분야에서 창의적인 업적을 이루셨습니다.

혹시 특별한 비법이라도 있나요?

가 우 스　　내 자신이 그렇게 특별하다고 생각하지 않습니다. 다만, 다른

사람보다 좋아하는 것을 더 열심히 찾았을 뿐입니다. 사물을 하나 보더라도 어떻

게 해서든 그 의미를 찾으려고 했으니까요. 그것이 비법이라면 비법입니다. 혹자

는 내가 세 살 때 아버지가 쓴 장부를 보고 계산이 잘못된 것을 바로 잡아준 이야

기를 하면서 어린 시절부터 매우 창의적이었다고 말하기도 합니다. 하지만 그것

은 정확한 이야기가 아닙니다. 잘못된 계산을 찾을 만큼 관찰력이 뛰어났다고 해

야 옳기 때문입니다.

인터뷰어 　　그렇다면 매사에 관찰력이 뛰어난 아이들이 왜 성장 후에는 그렇지 않은 걸까요?

가 우 스 　　아직 교육을 받지 않은 아이들일수록 창의성이 뛰어납니다. 그것은 아이들이 전반적인 인지능력이 뛰어나서가 아니라 고정관념이 많지 않기 때문입니다. 즉, 관찰할 때 방해되는 지식이 많지 않기에 그만큼 창의적인 성과를 낼 수 있는 것입니다. 저 역시 등차수열 공식을 곧바로 떠올린 것은 아닙니다. 가장 먼저 문제 구조를 관찰했지요. 그리고 제가 가진 생각의 힘만으로 문제를 해결하기 위해 문제에 몰입했습니다. 미국 철학자 랄프 에머슨^{Ralph Emerson}이 말했듯이 "나 자신의 생각보다 더 낯설고 놀라운 것은 없는 법"입니다. 이렇게 말하니 마치 자라면서 관찰력이 없어지는 것처럼 오해할 수도 있지만, 성인들 역시 자기가 좋아하는 것에는 관찰력이 매우 뛰어납니다. 예컨대, 축구를 좋아하는 사람은 선수가 뛰는 모습만 보고도 마치 감독처럼 그 선수의 컨디션을 다 알잖습니까.

인터뷰어 　　말씀을 듣고 보니 비로소 이해되네요. 사실 저도 요즘 아이돌을 보면 누군지 잘 모르지만, 제가 좋아하는 영화는 배우들이 카메오로 출연한 작품까지 줄줄 외우니까요.

가 우 스 　　그렇습니다. 그런 식으로 관찰하는 능력은 성인이 되었다고 해서 완전히 사라지는 게 아닙니다. 다만, 자기가 좋아하는 몇 개 분야에 대해서만 관찰 능력을 쓰기 때문에 문제죠. 아이가 호기심을 갖고 사물을 처음 접하듯이 열린 마음으로 세상을 대해야 합니다. 그런데 성인들은 자기가 좋아하는 것에만 신경 쓰고 나머지는 포기해버리니, 원래 의미 있던 것마저 잡동사니나 쓰레기가 되고 마는 것입니다. 그것을 잘 관찰해서 생각의 재료로 활용한다면 훨씬 더 좋은 성과를 낼 수 있는 데도 말입니다.

인터뷰어　　　천재라고 알려졌던 사람들이 나중에 평범하게 되는 것 역시 똑같은 원리일까요?

가 우 스　　　그렇습니다. 물론 천재가 평범하게 된다는 것은 기대보다 못한다는 것이지, 그 수준이 낮다는 것은 절대 아닙니다. 그래도 아쉬운 것은 어쩔 수 없습니다. 차라리 관심을 받지 못해서 다른 분야까지 이것저것 관찰하는 기회를 얻었다면 더 나을 수도 있었을 텐데 말입니다.

인터뷰어　　　구체적인 예를 들어주신 다면요?

가 우 스　　　역사적으로 실패한 천재에 관한 이야기는 거의 없습니다. 천재라는 것도 결국 그들이 남긴 업적으로 평가하는 것이지, 객관적인 검사를 통해서 인증받은 것은 아니기 때문입니다. 하지만 그 반대의 경우, 즉 어린 시절 관심받지 못했기에 자기 능력을 펼친 창의적인 천재에 관한 이야기는 꽤 많습니다.

인터뷰어　　　대표적인 예로 누가 있을까요?

가 우 스　　　진화론을 주장했던 찰스 다윈Charles Darwin은 청소년기에 별 볼일 없는 아이로 평가받았습니다. 하지만 그로 인해 주변의 것을 자기 생각대로 관찰할 기회를 얻었지요. 학교를 싫어해서 학창시절 내내 빌빌거렸던 아인슈타인 역시 마찬가지입니다. 겨우 특허청에 입사했지만, 시간 표시 장치에 관한 특허 서류와 물리학회지, 출퇴근 때 보았던 시계탑 등을 조합해서 상대성 이론을 발표했잖습니까. 끊임없이 다양한 분야를 접하며, 열린 마음으로 그것을 관찰해서 다양한 의미를 찾았던 것은 저나 그들 모두 똑같습니다. 결국, 중요한 것은 타고난 비범한 능력이 있느냐, 제대로 된 교육을 적절히 받았느냐가 아니라 얼마나 관찰력을 갖고 꾸준히 실행했냐가 아닌가 싶습니다.

인터뷰어 너무 일찍 어떤 분야에 빠지는 것이 오히려 창의성을 방해한다는 말씀인가요?

가 우 스 그런 의미는 절대 아닙니다. 어떤 한 분야에 빠지는 것은 좋다고 생각합니다. 그 분야 지식을 통해 세상을 새롭게 관찰하고 해석하는 능력이 생기기 때문입니다. 다만, 동굴 안에 갇힌 것처럼 그 분야에만 매달리는 것은 좋지 않습니다. 다른 분야에 대해서도 열려 있어야 합니다. 창의적인 인재는 다른 사람들이 생각하는 틀을 넘나들며 의미 있는 것을 만드는 사람인데, 자기 분야에만 빠지게 되면 그만큼 창의성이 발달하기 힘들기 때문입니다.

인터뷰어 지금 한국 사회는 융합을 강조하면서도 아이들을 창의적 영재로 키운다며 특정 분야에 미래를 거는 조기 교육이 유행하고 있습니다. 청소년에게도 마찬가지입니다. 심지어 성인이 되어 직장 생활을 하면서도 자기계발에 있어서 '넘나들기'보다는 '깊이 파기'만을 강조합니다. 그런 점에서 선생님 말씀은 꽤 의미가 있네요.

가 우 스　　　어쩌면 개인적인 경험 때문에 이런 말씀을 드리는 것인지도 모릅니다. 제 아버지는 제 미래에 전혀 관심 없는 벽돌공이었습니다. 그냥 자신처럼 벽돌공이 되어서 밥벌이하기만을 원했으니까요. 또한, 성격이 난폭해서 많은 상처를 주기도 했지요. 하지만 그때마다 어머니가 따뜻하게 보듬어주었습니다.

인터뷰어　　　그러면 어머니가 선생님의 창의성을 키우신 건가요?

가 우 스　　　꼭 누구 때문이라고 말하기는 어렵습니다. 창의성은 누가 누구에게 전달하는 식으로 만들어지는 것이 아니니까요. 제 어머니는 현명하셨지만, 저를 직접 공부시키실 정도의 지식을 갖추고 있진 않았습니다. 또한, 집이 매우 가난해서 다른 사람에게 책을 빌려 지식을 습득해야 했지요.

인터뷰어　　　그러니 책에 나온 내용을 보고 그 의미를 '발견'하는 것 역시 온전히 선생님 몫이었겠군요. 한마디로 '자기 주도적 학습'을 하신 셈이네요.

가 우 스　　　그런 셈이지요. 그런데 그냥 특정 분야를 정해놓거나 학교 공부에 대해서 자기 주도적 학습을 한 것은 아닙니다. 그랬다면 지금과는 다른 사람이 되었을지도 모릅니다. 내가 좋아하는 것을 중심으로 하되, 특정한 분야에 얽매이지 않고 다양한 분야의 책을 읽었습니다. 나중에 보니 열세 살 때까지 거의 모든 분야의 전공과 관련된 책을 읽었더군요.

인터뷰어　　　수학뿐만 아니라 언어에도 재능을 보여 초등학교에서 중학교 2학년으로 바로 월반했다고 들었습니다. 25살에는 라플라스 같은 대가들도 풀지 못하던 케레스 소행성의 궤도 측정 문제를 해결해 천문학까지 업적을 확장하기도 했고요. 또한, 30살에는 괴팅겐대학 천문대장 겸 교수가 되어 돌아가실 때까지 미분기하학과 전자기학, 측지학, 천문학 등과 관련된 창의적 업적을 계속 내놓으셨지요. 그런 업적을 만든 비법이 남들은 잡동사니라고 여기는 것에까지 열린 마음으로 '관찰'해서 의미를 발견하는 데 있었다는 걸 이제야 알게 되었습니다.

가 우 스　　　조금 전에도 말씀드렸듯이 다른 사람보다 좀 더 열심히 뛰었기에 그것이 가능했을 뿐입니다. 그리고 관찰력을 효과적으로 쓰는 또 다른 비법을 잊지 않은 것 역시 큰 도움이 되었지요.

인터뷰어　　　그 비법이 뭔가요?

가 우 스　　　'열린 마음'입니다. 닫힌 마음으로는 아무리 열심히 해도 고정관념만 늘어날 뿐입니다. 관찰을 통해 의미를 발견하려면 열린 마음이 필요합니다.

인터뷰어　　　열린 마음을 키우는 비법 같은 것은 없나요?

가 우 스　　　저 같은 경우에는 다양한 분야를 접했습니다. 특히 다른 나라 사람들의 생각을 알고 싶어서 평생 외국어를 익히는 데 게을리하지 않습니다. 외국어 공부로 창의성을 키우려면 시험을 위해서 공부하는 것과는 달라야 합니다. 그 나라 사람들과 그 나라 말로 소통하겠다는 의지가 필요하기 때문입니다. 이런 마음으로 62살에 러시아어를 공부해서 2년 후에는 직접 읽고 쓰고 할 정도가 되었지요.

인터뷰어   왜 하필 언어인가요?

가 우 스   언어 속에는 그 나라 사람들의 생각이 담겨 있는데, 그것은 다른 나라에서 자란 저와는 다를 수밖에 없기 때문입니다. 따라서 외국어를 배우면 지금까지 쌓아온 사고 체계와는 전혀 다른 것을 배울 수 있는 것은 물론 질적으로 나양적으로 사고 체계가 변화하게 되어 열린 마음을 갖는 데 큰 도움이 됩니다.

인터뷰어   그것 말고 열린 마음을 갖는 데 도움이 될 만한 것은 없나요?

가 우 스   다양한 분야의 책을 읽어야 합니다. 전문적 지식이 쌓일수록 시각이 제한될 수 있기 때문입니다. 시각이 제한되면 관찰력 역시 제한될 수밖에 없죠. 그 결과, 새로운 통찰을 얻을 기회도 그만큼 줄어듭니다. 그러므로 과학자라고 해서 반드시 과학책만 볼 것이 아니라 문학이나 예술 역시 꾸준히 접해야 합니다. 그래야만 다른 사람이 생각하는 범위를 뛰어넘는 창의적 업적을 내놓을 확률 역시 커집니다. 대표적인 예로 아인슈타인은 바이올린을 통해 시야와 사고 폭을 넓혔습니다.

인터뷰어   왜 주변 사람들이 제게 사회생물학자 에드워드 윌슨^{Edward Wilson}의《통섭》이나 일본 저널리스트 다치바나 다카시^{Tachibana Takashi}의《나는 이런 책을 읽어왔다》, 영국 소설가이자 물리학자 찰스 퍼시 스노^{Charles Percy Snow}의《두 문화》같은 책을 강력하게 권하는지 이제야 알겠군요. 선생님을 통해 세상을 자신만의 눈으로 새롭게 관찰하고, 그것을 바탕으로 끊임없이 도전해서 어떤 창의적인 업적을 이룰 수 있는지 비로소 알게 되었습니다.

르네상스 시대를 대표하는 천재 과학자이자 미술가인 레오나르도 다빈치 역시 관찰을 통해 수많은 아이디어를 얻었다. 그의 공책에는 수학이나 공학과 관련된 메모 외에도 새, 물고기, 곤충 등 다양한 동물과 풀, 나무, 꽃, 그리고 각종 식물 및 인체 장기 등이 매우 자세하게 묘사되어 있다. 아폴로 1호 우주선에 부착했던 금으로 만든 인간상 역시 그의 공책에 그려져 있던 것이다.

그는 자연의 아주 세심한 부분까지 관찰한 후 그것을 바탕으로 원리를 발견하고, 상상력을 발휘해서 독특한 발명품을 다수 만들었다. 퍼덕이는 새의 날개와 곤충을 연구한 끝에 내놓은 기계 날개와 프로펠러가 그 대표적인 예이다.

그의 관찰력은 상상의 세계를 묘사할 때도 큰 영향을 주었다. 예를 들면, 성서 속 인물을 그릴 때 자신이 관찰한 현실 세계 사람처럼 그렸으며, 인물을 그릴 때는 얼굴뿐만 아니라 손이나 옷의 마무리까지 세심하게 신경 썼다.

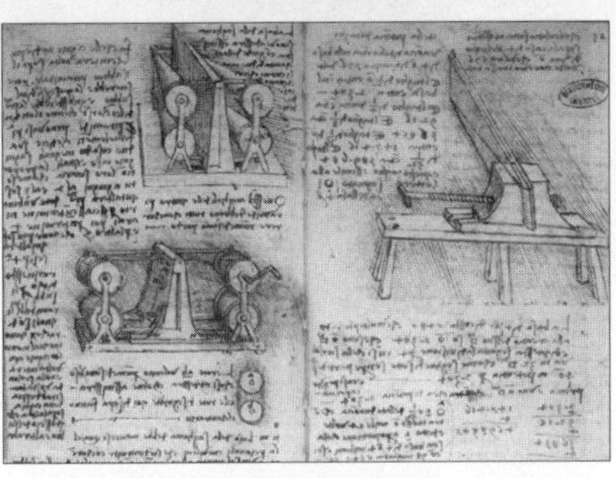

레오나르도 다빈치 공책

같은 인물, 다른 창의성 __ 칼 프리드히 가우스

흔히 전신기를 최초로 발명한 사람하면 새뮤얼 모스^{Samuel Morse}를 떠올리곤 한다. 그는 계전기를 발명한 조지프 헨리^{Joseph Henry}와 알프레드 베일^{Alfred Vail}의 도움을 받아 전신기를 발명한 것으로 알려져 있다. (사실 그는 돈을 댄 투자가일 뿐이며, 베일이 모스 부호까지 발명했다고 주장하는 사람도 있다) 그러나 정작 전신기를 발명한 사람은 모스가 아닌 가우스다. 그는 괴팅겐대학 천문대와 물리연구실의 빠른 정보교환을 위해 전신기를 개발했다. 수학자가 전신기를 발명했다니 다소 의아할 수도 있지만, 모스 역시 화가였음을 떠올리면 그리 놀랄 일도 아니다. 그런 점에서 창의성은 자기 문제를 해결하는 최적 대안을 만드는 능력이라고 할 수 있다.

인간의 지식은 모두 직관으로부터 시작해서 개념으로 나아가 아이디어로 끝난다.

__ 임마누엘 칸트Immanuel Kant

PART 4 직관

번쩍하고 떠오르는 아이디어 놓치지 않기

가장 유일하게 가치있는 것은 직관이다.
신이 인간에게 내린 최고의 선물은 상상력과 직관이다.

___ 알베르트 아인슈타인Albert Einstein

엉뚱함은
창의성의 충분조건일 뿐

창의적인 문제해결을 위해서는 오해에서 벗어나야 한다. 다음 문제를 통해 직접 확인해보자.

THE CREATIVE IDEAS

류희원은 좁은 동굴 입구를 통해 안으로 들어오자마자 입이 쩍 벌어졌다. 그는 도굴꾼이었다. 동굴 안은 꼭대기가 동그랗게 뚫려 있어서 비교적 밝았다. 산 전체가 껍데기만 남고 모두 패여 있는 듯 동굴의 안은 매우 넓고 깊은 절벽까지 있었다. 또한, 절벽 건너편에는 다리도 있었다. 류희원은 건너편에 보이는 커다란 문과 손에 들고 있는 낡은 지도를 번갈아 보았다. 그리고 갑자기 눈물을 흘렸다. 20년 동안의 고된 탐험과 고서(古書) 연구 끝에 칭기즈칸의 무덤을 비로소 찾았다고 생각하니 감정이 복받쳐 오른 것이다.

전하는 바에 의하면, 칭기즈칸은 수많은 전쟁을 통해 동서양의 갖은 보물을 모았는데, 그가 죽자 부하들이 그것을 모두 그의 무덤 안에 넣고, 무덤의 위치를 알 만한 사람은 모두 죽였다고 한다. 하지만 세상에 영원한 비밀은 없는 법. 칭기즈칸의 무덤 속에 있는 보물창고에 관한 이야기는 비밀리에 전해져 도굴꾼이라면 누구나 탐내게 되었다. 심지어 보물창고 지도까지 거액에 거래되기도 했는데 대부분 가짜였다. 류희원 역시 지난 20년간 허탕만 쳐왔다. 하지만 바로 오늘, 우연히 만난 기인의 도움으로 진짜 지도를 얻어 칭기즈칸의 무덤을 찾게 되었으니 어찌 감격하지 않을 수 있으랴.

그는 칭기즈칸의 여러 가지 보물 중에서도 커다란 공 세 개를 노렸다. 그 공은 '천지인(天地人)'을 다스리는 힘을 갖고 있어 세계를 마음대로 휘두를 수 있다고 전하는 전설의 영물이었다.

하지만 그 기쁨도 잠시. 그는 한숨을 푹 쉬었다. 무덤까지 가려면 양쪽 절벽에 연결된 구름다리를 건너야만 했다. 다리는 총 길이가 50m로 몸무게가 60kg이 넘는 사람이 건너면 자동으로 무너지는 특수장치를 갖추고 있었다. 그 때문에 그는 몸무게를 50kg까지 줄여야 했고, 아주 여유롭게 다리를 건너 보물창고에 들어갈 수 있었다. 그러나 곧 문제가 생겼다. 고서에는 공의 아름다움과 효능만 이야기되어 있을 뿐, 그 무게에 관한 말은 전혀 없었다.

공의 무게는 그의 상상을 초월했다. 공 하나가 무려 10kg에 이르렀기 때문이다. 특히 공이 놓인 재단에는 다음과 같은 경고문이 적혀 있었다.

"세 개의 공이 서로 두 걸음 이상 떨어지는 즉시 다리는 물론 무덤 전체가 파괴될 것이다."

그는 눈앞이 캄캄해졌다. 하지만 그동안 고생한 것을 생각하니 이대로 포기할 수도 없었다. 살아서 신비의 공을 갖고 나가고 싶었다. 그러려면 공을 한 번에 옮겨야 했다. 하지만 그게 말처럼 쉽지 않았다. 공 무게를 합치면 30kg에 이르고, 그의 몸무게는 50kg인데, 다리는 60kg까지만 견딜 수 있기 때문이다. 아무리 똑똑한 사람이라도 방법이 없을 듯했다. 하지만 그것도 잠시. 뭔가 생각하던 그는 '아하'하고 손가락을 튕겼다. 그리고 마침내 보물을 갖고 다리를 무사히 통과해 나왔다.
과연, 그는 어떻게 해서 다리를 무사히 건널 수 있었을까?

만일 우리가 윗글의 도굴꾼이었다면 어떻게 문제를 해결했을까. 대부분 사람은 이런 문제를 접하면 무엇을 단서로 문제를 풀어야 할지 몰라 당황해하며, 엉뚱한 생각을 한다. 예를 들면 이런 식이다.

A : 도굴꾼은 애초에 날 수 있는 추진 로켓을 등에 달고 보물창고에 들어왔다.

그러나 문제에 나오지도 않은 조건을 임의대로 추가해서 해결하는 것은 반칙이다. 문제를 다시 보자. 걸어서 들어갔다는 말만 있지 장비에 대한 말은 어디에도 없다. 그러니 답 역시 절대 창의적이라고 할 수 없다. 창의성은 문제 조건을 최대한 활용해서 최적의 답을 찾는 것이다. 그러므로 문제 조건을 꼼꼼하게 살핀 후 도전하는 용기야말로 창의적 문제해결의 기본자세라고 할 수 있다.

어떤 사람은 다음과 같은 답을 제시하기도 한다.

A : 세 개의 공을 하나로 묶어 다리 건너편으로 힘껏 던진 후 다리를 건넌다.

이렇게 비현실적인 상황을 답으로 제시하는 사람도 더러 있다. 현실적으로 50kg인 사람이 하나로 연결된 공(총 30kg)을 별다른 장비 없이 50m 이상 던지는 것이 과연 가능할까. 올림픽을 제패한 투포환 금메달리스트라도 도저히 불가능할 것이다.

앞서 제시된 두 답을 굳이 평가하자면 엉뚱하고 기발하기는 하지만, 전혀 창의적이지 않다. 그런 점에서 엉뚱한 것이 창의성과 가깝다는 생각은 큰 오해다. 비록 창의성이 엉뚱해 보이기는 하지만, 엉뚱함은 창의성의 충분조건이지 필요조건은 아니기 때문이다.

창의성을 활용한 문제해결 과정은 아주 논리적이고 현실적이다. 따라서 진짜 창의적인 답이라면 실제 현실에서도 충분히 적용할 수 있어야 한다. 그렇다면 다음 답은 어떤가.

A : 서커스 광대처럼 공을 저글링 해서 다리를 건넜다.

일견 엉뚱하면서도 기발해 보인다. 그 때문에 이것이야말로 창의적이라고 생각하는 사람이 많다. 그렇다면 이것이 정말 창의적인지 그 속에 숨어 있는 문제에 대한 '처리 과정'을 중심으로 살펴보자.

① 도굴꾼 몸무게와 공 무게를 합치면 80kg이니, 다리가 지탱할 수 있는 한계를 20kg 초과한다. 따라서 전체 무게에서 20kg을 뺄 방법을 찾아야 하는 게 문제해결의 핵심이다.

② 겉으로 드러난 것만 보면 문제해결은 도저히 불가능하다. 그 안에서 남들이 보지 못하는 의미를 찾아야 한다. 문제 속에 숨겨진 조건을 찾자.

③ 문제를 잘 살펴보면 임의대로 변화시킬 수 있는 조건과 그렇지 않은 조건이 있다. 공 무게와 도굴꾼 몸무게에 대한 부분은 변화시킬 수 없는 조건이다. 그렇다면 핵심은 다른 데 있다.

④ 문제를 잘 살펴보면 공이 서로 떨어지는 거리에 대한 조건이 삽입되어 있다. 그렇다면 이 조건을 바꾸면 결국 무게에 대해서도 뭔가 바꿀 수 있지 않을까?

⑤ 공을 두 걸음 이하로 굴리면서 가는 방법은 어떨까?

⑥ 그래도 다리에 가해지는 총무게는 80kg으로 도저히 다리를 건널 수 없다.

⑦ 이 문제를 해결하려면 관찰과 발견을 통해 고정관념을 깨뜨려야 한다.

⑧ 물건을 움직이는 방법은 수평운동만 있는 게 아니다. 수직운동도 있다. 그렇다면 공을 굴리는 것 말로 위로 던지는 건 어떨까?

⑨ 다리를 건너려면 60kg을 넘어선 절대 안 된다. 그럼 도굴꾼 몸무게가 50kg이니 공 하나만 손에 쥐고 나머지 두 개는 공중에 띄워야 한다. 하나는 손에 있고, 두 개는 띄운다? 마치 저글링을 말하는 것 같다. 그래, 그래서 공을 두 걸음 이상 떨어지지 말라고 한 것인지도 모른다. 그 조건은 거리가 아닌 높이에 대한 것이었다.

이렇게 해서 답이 나왔다. 하지만 저글링을 하면 된다는 답이 과연 창의적일까. 저글링을 하면서 천천히 발걸음을 옮겨 다리를 건너는 모습을 상상해보자. 한 손에만 공이 있고 나머지 두 개는 공중에 있으니 다리에 가해지는 무게의 총합은 60kg이다. 일견 문제 조건에 어긋나지 않고 문제를 해결할 수 있는 듯하다. 하지만 이 답 역시 창의적이지 않다. 창의적인 답이 되려면 좀 더 새로워야 한다.

현실을 무시한
창의성은 없다

〈도굴꾼 탈출 시키기〉 문제에서 '저글링을 하면 된다'라는 답이 창의적이지 않은 이유는 기본적인 물리법칙에 맞지 않기 때문이다. 도굴꾼 손에 놓인 10kg의 공 무게만 계산했을 뿐, 공을 위로 던지기 위해 들어간 힘과 공이 떨어지면서 몸에 전달하는 충격, 공을 받기 위해 준비하는 힘은 계산하지 않았다. 즉, 중력 법칙에 따라 아래로 떨어지려는 공을 지탱하기 위해 반대 방향(위쪽)으로 들어가는 힘이 구름다리에 가해질 전체 무게는 전혀 고려하지 않았다.

기본적인 물리법칙의 영향을 확인할 수 있는 가장 간단한 방법이 있다. 저울 위에 올라가서 두꺼운 책을 집어 던지면 저울 눈금이 변하는 걸 볼 수 있다. 하지만 몸무게와 책의 무게를 합친 숫자에서 눈금이 멈추진 않는다. 마찬가지로, 저글링 답은 숨겨진 조건을 발견해서 창의적으로 내놓은 답이 아니다. 오히려 현실의 기본 조건을 무시하고 만든 엉뚱한 답에 지나지 않는다.

그런 점에서 아무리 순간의 재치를 발휘한다고 해도 현실 상황을 무시하면 절대 창의적이라고 할 수 없다. 현실적으로 타당하고 유용하면서도 새로운 것을 만들어내는 능력이 바로 창의성이기 때문이다.

흔히 창의성은 자유롭고 현실 제약을 떠나 생각해야 하는 것으로 생각하곤 한다. 하지만 그것은 오해다. 창의성이야말로 가장 현실적인 대안이기 때문이다. 이는 창의성이 현실 제약 안에 갇혀 있는 것이 아닌 현실에 딱 들어맞는 대안이라는 의미다. 이런 창의성의 특징을 가장 잘 보여준 사례가 바로 아인슈타인이다.

아인슈타인은 현실 조건을 뛰어넘는 멋진 개념을 만들겠다는 생각에 일반 상대성 이론과 특수 상대성 이론을 연구한 것이 아니다. 현실에 나타나는 현상과 가장 부합하는 설명을 찾겠다는 신념에 따라 연구를 지속한 결과 창의적 이론을 만들었을 뿐이다.

"고정관념을 깨뜨려라!"

이는 창의성과 관련된 가장 유명한 경구로 아인슈타인 역시 이와 비슷한 말을 통해 고정관념의 위험성을 경고한 바 있다.

"상식이란 18세 이상 사람들의 정신에 덧씌워진 편견이라는 얇은 막과도 같은 것이다."

창의성을 발휘하려면 자유로운 생각을 가로막는 고정관념부터 허무는 게 당연하다. 아인슈타인 역시 당시 물리학자들이 갖고 있던 고정관념의 벽을 깨뜨렸다. 하지만 오로지 그 하나만 갖고 창의적인 위업을 달성한 것은 아니다. 고정관념을 깨뜨리는 한편 창의성의 또 다른 중요한 본질 역시 잊지 않았다. 그것은 바로 현실적 타당성을 가진 '직관'이다.

창의성은 고정관념에서 벗어난 것이니 당연히 상식을 초월한 것, 엉뚱한 것이어야 한다는 생각은 오해일 뿐이다. 무조건 '고정관념을 깨뜨리라'는 생각이 역설적으로 또 다른 고정관념이 되어 창의적인 문제해결을 방해할 수도 있기 때문이다.

고정관념이 아닌
열린 마음 갖기

우리는 지금 창의성이 절실한 시대에 살고 있다. 하지만 세상 모든 문제가 창의성을 필요로 하는 것은 아니다. 예를 들면, 다음과 같은 문제를 보자.

Q : 안구 운동처럼 의식적 감각이 없는 상태에서 신속하게 고도로 훈련된(또는 전문화된) 행동을 수행하는 감각 운동계를 무엇이라고 하나?

과연 이 질문에 어떻게 답할 것인가. 거울 앞으로 다가가 눈알을 굴리며 직접 움직임을 관찰한들 그 용어가 쉽게 떠오르지는 않을 것이다.

대부분 사람은 시험 볼 때와 같은 사고과정을 거쳐 답을 내놓는다. 즉, 답과 관련될 만한 단서를 문제에서 찾고 그것이 자신의 기억에 저장되어 있는지를 확인한다. 그러나 문제해결 방향을 제대로 잡았다고 해서 쉽게 답을 찾을 수 있는 것은 아니다. 기억을 계속 더듬어도 정확한 용어를 찾지 못하면 결국 오답을 낼 수밖에 없기 때문이다. 그런데 만약 창의적인 답을 하겠다며 "제 맘대로 운동계", "자동감각 운동계" 따위를 답안으로 제시한다면 어떻게 될까. 그래도 답을 찾으려 노력했으니 좋은 시도라며 칭찬해줘야 할까. 나아가 우리가 이 문제의 출제자 겸 채점자라면 이런 답을 어떻게 평가해야 할까. 아마 대부분 한번 웃은 후 형편없는 점수를 줄 것이다.

세상에는 창의성을 적극적으로 발휘해야 효과적인 문제가 있는가 하면, 단순하게 지식을 적용하는 것이 더 유용한 문제도 있다. 앞서 예로 들은 문제의 답은 '좀비 작동체Zombie Agent'이다. 걷기, 뛰기처럼 아기였을 때는 아주 힘겹게 의식적으로 노력해야만 제대로 성공했을 행동을 계속된 반복 훈련으로—좀비가 의식이 없는 상태에서 움직이는 것처럼—의식적 감각 없이도 움직일 수 있는 상태를 만들기 때문에 그렇게 부른다. 그런 점에서 이 문제는 창의적이지 않더라도 해당 분야의 지식만 있다면 누구나 쉽게 맞출 수 있는 문제다. 반대로 해당 분야에 대한 지식이 없다면 아무리 창의적이어도 맞출 수 없다.

인지 심리학에 따르면, 세상 모든 문제는 '잘 정의된 문제'와 '잘 정의되지 않은 문제'로 나뉜다. 잘 정의된 문제는 기존 지식을 단순히 적용하는 과정을 거치면 얼마든지 해결할 수 있다. 마치 수학 방정식처럼 어떤 수학적 지식을 활용해야 할지, 어떤 공식을 어떻게 사용해서 해결해야 할지 그 과정 역시 명확하다. 우리가 학교에서 배우는 것 대부분이 그 대표적인 예다. 하지만 세상에는 사실을 단순히 적용하면 되는 문제보다 아이디어가 필요한 문제가 훨씬 더 많다. 즉, '잘 정의된 문제해결 방식'으로는 도저히 해결할 수 없는 문제가 더 많다. 그것이 바로 '잘 정의되지 않은 문제'다. 여행을 언제·어떻게 할지, 어떤 친구를 만나서 사귀고 헤어질지, 집은 어디에·어떻게 살지, 몸이 아플 때는 어떤 약을 먹을지, 어떤 병원에 갈지, 논술 시험에서 어떤 답을 쓸지, 어떤 사업 전략을 짤지, 사랑한다고 고백할 때 어떤 말을 할지 등이 바로 그것이다.

창의성 문제는 과연 둘 중 어디에 해당할까. 당연히 잘 정의되지 않은 문제에 해당한다. 그래서 창의성 문제는 여간 풀기가 쉽지 않다. 기계적으로 지식을 적용하는 그 이상의 무엇이 필요하기 때문이다.

중요한 것은 우리가 일상생활에서 만나는 대부분 문제가 바로 잘 정의되지 않은 문제라는 것이다. 그 때문에 학교에서 배운 지식만으로는 도저히 그 문제를 해결할 수 없다. 그렇다면 그 문제를 해결하기 위해서는 어떻게 해야 할까.

'잘 정의되지 않은 문제'는 우리에게 많은 '생각'과 '고민'을 요구한다. 어떤 문제인지 발견하는 일부터가 쉽지 않기 때문이다. 따라서 애매한 상태에서 문제해결을 시작하는 경우가 많은데, 해답을 보면 상황이 180도 달라진다. 풀이과정을 보고 나면 다음에는 거의 자동으로 해결할 수 있는 '잘 정의된 문제'가 되기 때문이다. 예컨대, 창의성 퍼즐 책을 처음 보면서 문제를 풀 때는 매우 힘들지만, 일단 답을 알면 쉽다. 하지만 또 다른 창의성 문제를 던져주고 풀라고 하면 처음 상태로 돌아가고 만다. 그런 점에서 잘 정의된 문제해결 방식으로는 창의성이 절대 발전할 수 없다. 창의적인 문제를 해결하려면 가르치는 사람이나 배우는 사람 모두 '하나의 정답'에 관한 고정관념을 버리고 열린 마음을 가져야 한다.

다음 문제를 보자.

Q : e메일 주소에 붙이는 기호 @를 뭐라고 할까? (최소한 5개 이상 이름을 말해보시오.)

과연 이 문제는 창의적인 문제일까, 그냥 지식을 묻는 일반적인 문제일까. 이는 우리 자신에게 달려 있다. 국제적으로 통용되는 명칭인 앳at을 가장 먼저 생각할 사람도 있을 것이며, 우리나라에서 흔히 부르는 '골뱅이'를 떠올리는 사람도 있을 것이기 때문이다. 문제는 그다음이다. 거기서부터 창의적인 사람과 일반적인 사람의 반응이 다르다.

먼저 이 문제를 지식을 묻는 일반적인 문제로 생각하는 사람은 독일·네덜란드·남아프리카에서 '@'을 '원숭이 꼬리'라고 부른다는 것을 떠올리며 머릿속에 있는 관련 정보를 쥐어 짜낼 것이 틀림없다. 이에 따라 그리스에서는 '오리 새끼', 중국에서는 '생쥐', 노르웨이에서는 '돼지 꼬리', 핀란드에서는 '고양이'라고 부르는 지식을 그대로 적어낼 것이다. 물론 이것은 아주 박식한 사람에게나 해당하는 말이다. 문제와 관련된 정보, 즉 배경지식이 많지 않은 사람은 낑낑대다가 결국 포기하고 말 것이다. 하지만 주어진 문제가 여러 가지 답을 할 수 있게 열려 있다면, 단순히 배경지식이 없다고 해서 쉽게 포기해선 안 된다. '@'을 보고 생각나는 대상을 자유롭게 표현하는 방법으로도 충분히 답을 찾을 수 있기 때문이다. 앞서 예로 든 여러 나라 사람들도 '@'을 각자의 문화적 시각에 따라 표현한 셈이니 다양한 시각을 갖고 '@'을 보면 된다. 그러면 스웨덴 사람들처럼 '@'이 '코끼리 코'로 보일 수도 있고, 그리스 사람들처럼 '오리 새끼'로 보일 수도 있다. 또한, 스웨덴 사람들이 '@'을 '코끼리 코'로 부른다는 사실을 모른다고 하더라도 똑같은 답을 말할 수도 있다. 이것이 바로 창의성 효과다.

공부를 그리 많이 하지 않았는데도 공부를 많이 한 사람들의 수준을 뛰어넘는 사람들이 간혹 있다. 그들은 지식이 만들어진 원리를 생각해서 답을 찾는 능력이 매우 뛰어난데, 이를 '직관Intuition'이라고 한다.

창의적인 사람들은 1971년 미국 레이 톰린슨Ray Tomlinson이 e메일에 처음 사용한 '@'기호를 어떻게 불렀는지 그다지 신경 쓰지 않는다. 단순한 지식에 매달리기보다는 자신의 직관을 믿고 생각을 자유롭게 펼치는 데 최선을 다하기 때문이다. 또한, 그들은 공식을 외워 문제를 해결하는 것이 아니라 문제를 해결하기 위해서 스스로 공식을 만든다. 그 경우 지식을 동원해 문제에 바로 응용하는 것보다 훨씬 더 재미있고 풍성한 답을 얻을 수 있기 때문이다. 얼핏, 힘들고 복잡해 보이지만, 그들은 그 과정 자체를 즐긴다.

이론과 경험 일치시키기

　　1905년은 물리학뿐만 아니라 인류 역사에 큰 전환점이기도 했다. 3월 17일부터 9월 27일까지 여섯 달 동안 아인슈타인은 세상을 바꿀 만한 논문 5편을 썼다. 첫 번째 논문을 완성했던 때가 1900년 12월 13일이었으니, 5년이 채 안 돼 학문적으로 엄청난 성과를 거둔 셈이다. 이에 그 역시 1905년을 기억하며 "내 마음에 폭풍이 몰아쳤다"라고 이야기했을 정도다.

　1905년 아인슈타인이 발표한 논문에는 '고속으로 움직이는 시스템에서는 길이가 수축되고, 질량이 증가하며, 시간이 느려진다'라는 내용이 있다. 도대체 이게 무슨 말일까. 아인슈타인의 상대성 이론과 타임머신을 연결할 때 자주 등장하는 '쌍둥이 패러독스'를 떠올리면 쉽게 이해할 수 있다.

　거의 동시에 태어난 쌍둥이 중 형이 스무 살 생일을 기념하여 동생을 지구에 두고 빛의 속도에 가깝게 움직이는 우주선을 타고 15년 동안 우주여행을 하고 돌아온다면 과연 어떤 일이 벌어질까.

우주에서의 15년은 지구에서의 60년이다. 그러니 할아버지가 된 동생이 젊은 형이 맞을 것이다.

이렇듯 태어날 때 시간 차이가 거의 없었던 쌍둥이가 어떤 운동을 하느냐에 따라 엄청난 시간 차이가 생길 수 있다는 말은 지금의 상식에서도 크게 벗어나 보인다. 하물며 지금으로부터 백여 년 전 아인슈타인이 처음 특수 상대성 이론을 내놓았을 때는 어땠을까.

결론적으로, 사람들은 그 이론이 당시 절대적인 권위를 갖고 있던 아이작 뉴턴Isaac Newton의 시간과 공간에 대한 이론과 맞지 않는다며 철저히 무시했다.

당시 뉴턴은 공간이 상대공간과 절대공간으로 나뉜다고 생각했다. 즉, 절대공간은 외부의 어떤 것과도 관계가 없고 늘 똑같으며 움직이지 않는 개념적 공간인 반면, 상대공간은 절대공간이 움직일 수 있는 차원을 실제로 잰 것으로 생각했다. 이런 생각은 그의 저서《프린키피아》에 나오는 "우주의 중심은 정지해 있다"라는 말에서도 확인할 수 있다. 또한, 그는 절대공간 이외에 절대시간이 있다고 생각했다. 절대시간은 '지속' 그 자체이며 시간을 재는 도구인 시계, 달력은 단지 상대시간을 나타내는 척도일 뿐이며, 그 배후에는 절대시간이 있다고 했다.

뉴턴은 사람들이 시간과 공간에 대해 상대적으로 인지할 뿐 그것을 절대적으로 인지할 수 있는 기준을 갖고 있지 않다는 사실에 주목했다. 특히 상대시간과 상대공간은 외부 요소에 영향을 받기에 물리법칙의 완결성을 위해서는 절대공간과 절대시간을 고려해야 한다고 생각했다. 이에 근대 다른 과학자들과 철학자들 역시 객관성과 절대성을 확보하기 위해 모든 물리법칙의 변수를 절대공간과 절대시간의 개념으로 논하는 것을 당연하게 여겼을 뿐만 아니라 의심할 수 없는 대전제로 생각했다.

아인슈타인은 그것을 뒤집었다. 그 결과, 미친 사람으로 몰리기도 했고, 물리학의 기본도 모르는 바보라는 소리도 들었지만, 그는 확신에 차 있었다. 과연 무엇이 그를 그렇게 만들었을까.

이 질문에 답하려면 당시 학자들과 아인슈타인의 관점 차이에 관해서 우선 알아야 한다.

1880년대 미국 물리학자 알베르트 마이컬슨Albert Michelson과 화학자 에드워드 몰리Edward Morley는 빛의 속도를 측정하는 실험을 했다. 두 사람은 당시 과학 상식대로 우주는 정지 상태에 있는 에테르로 가득 차 있다는 기본 가정에서 출발, 빛을 파동으로 생각할 때 그 파동을 전파하는 매개물로 가상 물질인 에테르를 가정하고, 에테르의 존재를 증명하고자 하였다.

그렇게 해서 뉴턴 이후 확고한 과학 상식이 되었지만, 단 한 번도 실증되지 않은 에테르의 존재를 증명해 보이겠다는 야심 찬 실험은 무려 7년간이나 반복되었다. 하지만 안타깝게도 진전이 없었다. 에테르의 존재를 가정할 때 측정 위치에 따른 속도 차이에 의해 마땅히 보여야 할 '간섭호(干涉縞, 빛이 겹쳐 간섭 현상이 일어날 때 생기는 줄무늬)'가 나타나지 않았기 때문이다. 실험 정밀도를 높이거나 측정 지점 사이의 각도 차이, 상황을 바꿔도 마찬가지였다. 이에 따라 에테르의 존재 자체를 증명하는 실험은 결국 실패로 끝나고 말았다.

하지만 이를 어떻게 해석할 것인가를 두고 곧 열띤 논쟁이 벌어졌다. 다른 학자들은 기존 법칙이나 상식에 맞추기 위해 이상한 논리를 고안해가며 마이컬슨—몰리의 실험 결과를 합리화하려고 했지만, 아인슈타인은 달랐다. 그는 실험 결과가 기존 물리학과 맞지 않는다면 물리학 이론을 바꿔야 한다고 생각했고, 그것을 체계화해 1905년 '특수상대성이론'이라는 놀라운 실험 결과를 발표했다. 그 결과, 마이컬슨—몰리의 실험은 본래 의도와 다르게 에테르의 존재를 부정하는 가장 확실한 밑받침이 되었다.

특수상대성이론의 원래 제목은 '움직이는 물체의 전기역학'이었다. 제목에도 나와 있듯이 아인슈타인은 정지해 있는 물체에 대한 맥스웰의 전기역학 이론을 출발점으로 해서 운동하는 물체에 적용되는 전기역학 이론에 도달한다는 목적으로 논문을 썼다. 그런데 논리를 전개하는 과정에서 맥스웰 이론을 '상대성 원리'와 '광속도 불변의 원리'로 수정했다. 그렇게 해서 나온 것이 그 유명한 '$E=mc^2$' 공식이다. '

$E=mc^2$'은 어떤 양의 물질이 갖는 에너지는 그 물질의 질량에 빛의 속도 제곱을 곱한 값이라는 것으로 기존의 에너지와 분리된 물질관을 완전히 바꾸는 창의적인 생각이었다. 중요한 것은 그 시작이 현실에 부합하는 사고를 하는 데서 출발했다는 점이다.

아인슈타인은 상대성이론을 펼 때 '로렌츠 변환의 공식'을 사용하기도 했다. 사실 헨드릭 로렌츠Hendrik Lorentz 역시 에테르의 존재를 믿었다. 그는 마이컬슨—몰리의 실험 결과와 에테르의 존재를 일치시키기 위해 이 공식을 고안했다. 그러나 아인슈타인은 이 공식을 에테르가 존재하지 않는다는 사실을 증명하는 데 활용했고, 이를 통해 기존에 불일치한 논리들을 일일이 다시 재구성하였다.

천재 과학자 아인슈타인이 한 일이 겨우 기존 이론을 재조합하는 것이었냐며 반문하는 사람이 있을지도 모른다. 그러나 그 결과가 아무리 위대하고 엄청나도 창의성의 뿌리는 이렇듯 매우 단순하다. 똑같은 현상도 다른 전제에서 출발해서 다른 논리로 풀어내는 것, 나아가 그것이 현실과 최대한 맞아 떨어지는 최적의 답(해결책)이 되도록 하는 것이 바로 창의성의 기본이기 때문이다.

아인슈타인은 그의 《자전적 수기》에 물리학 이론이라면 반드시 충족해야 할 첫 번째 기준으로 '이론과 경험적 사실은 절대 모순되어선 안 된다'고 썼다. 실제로 그 역시 그 원칙에 충실했기에 뛰어난 창의성을 발휘할 수 있었다.

'도굴꾼 문제'를 아인슈타인에게 풀라고 하면 그는 과연 어떻게 했을까. 문제 자체를 무시해야 하는 이유에 관해 열심히 설명했을지도 모른다. 측정 불가능한 절대공간이나 절대시간을 논의하는 일 자체가 무의미하므로 무시해야 한다고 주장했던 것처럼 말이다. 또한, 경험적 사실, 즉 현실과 모순되는 '저글링'을 답으로 생각한 사람들의 논리를 비판했

을 것이다. 아니면, "문제에는 꼭 그 전제조건에 맞는 답이 있다"라며 에
테르를 연구했던 학자들처럼 억지로 논리를 고안해서 갖다 붙이기보다
는 문제 자체가 현실과 부합하지 않으므로 자신의 열정을 다할 다른 현
실적 문제에 집중해야 한다고 주장했을지도 모른다.

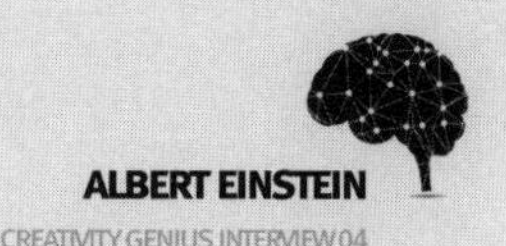

자신의 직관을 믿어라

인 터 뷰 어　　　많은 사람이 '최고의 천재' 하면 가장 먼저 선생님을 떠올리곤 합니다. 그에 대한 소감 한마디 부탁드립니다.

아인슈타인　　　솔직히 부담스럽지만, 천하의 바보라는 말을 듣는 것보다는 좋습니다. 사실 어린 시절의 나는 천재와는 거리가 멀었습니다. 말도 늦되었을 뿐만 아니라 같은 말을 반복해서 부모님조차 정상이 아니라고 생각했으니까요. 또한, 학교 가는 것이 너무 지겹고, 공부가 싫었죠. 당연히 성적은 엉망이었고요. 심지어 그리스어 선생님으로부터 "너 때문에 내가 가르치는 반에 대한 존경심까지 잃게 된다."라는 말을 듣기도 했고, 학교에서 자퇴를 강요받기도 했죠.

인 터 뷰 어   그런 분이 역사상 최고 천재로 꼽히다니 멋진 반전이네요.

아인슈타인   반전이라기보다는 당연한 성과인데, 다른 사람들은 반전이라고 하더군요. 바보 소리를 들었을 때나 유명해진 다음에나 나는 그저 직관을 믿고 행동했을 뿐인데 말이죠.

인 터 뷰 어   그래서 옳다고 생각한 것은 끝까지 밀어붙이셨군요. 그럼 사회주의 계열 진보 잡지에 기고하신 거나 과학 대중화, 반전 평화 활동에 열심히 참여하신 것도 거기서 비롯된 것인가요?

아인슈타인   그런 셈이죠. 사실 나는 다른 물리학자들과 생각의 출발점부터가 달랐습니다. 다른 사람들이 구체적인 데이터를 중요하게 생각한 반면, 나는 그게 생각의 출발점이자 목표가 되어선 안 된다고 생각했으니까요. 나는 연구란 직관에서 시작해서 나 자신과 다른 사람의 생각을 바꿀 수 있는 성과를 거둬야 한다고 생각했습다. 직관이 또 다른 직관과 연결되는 식으로 말입니다.

인 터 뷰 어   선생님처럼 창의적인 직관을 가지려면 과연 어떻게 해야 하나요?

아인슈타인   고정관념이 직관과 창의성의 가장 큰 적이라는 말은 다 알고 있을 것입니다. 어떤 일이 벌어지면 바로 판단하지 말아야 합니다. 그 대신에 그 일이 일어난 원인이 내가 생각하는 것보다 훨씬 더 복잡할 수 있다거나 단순할 수 있다고 생각하며, 다른 사람과 다르게 생각하려고 노력해야 합니다. 그래야만 자신만의 생각, 즉 창의성을 키울 수 있습니다.

인 터 뷰 어　　　　하지만 자기 생각만 고집한다고 해서 직관이 저절로 길러

지는 것은 아니잖습니까?

아인슈타인　　　　당연히 많은 연습이 필요합니다. 예컨대, 주어진 문제를 자

기만의 방식으로 다시 정의하거나 문제에 담겨 있는 여러 가지 가정을 뒤집어

생각하는 것이 좋습니다. 아니면, 문제에서 제시한 답, 즉 목표를 반대로 적어보

고 그렇게 되는 데 필요한 것―방해요인―을 생각하는 것도 좋은 방법입니다.

인 터 뷰 어　　　　목표를 이루는 데 필요한 것을 생각하다 보면 금방이라도

문제가 풀릴 것 같지만, 막상 적용하면 그렇지 않은 경우가 많습니다. 그런 점에

서 선생님께서 말씀하신 것처럼 방해 요인 및 문제해결에 필요한 긍정적인 요인

을 함께 고려하는 습관을 들인다면 순간적으로 폭넓게 생각하는 법, 즉 직관을

발휘할 수 있겠다는 생각이 드네요.

아인슈타인　　　　직관을 키우려면 상황을 다르게 봐야 합니다. 또한, 부단한

연습을 통해 자기 생각이 맞는다는 생각, 즉 믿음을 통해 직관을 더 구체화하는

적절한 정보를 찾아야 합니다. 저 역시 특수 상대성 이론을 생각한 후 다른 사람

들의 연구를 직관에 맞게 재조합했습니다. 만일 그렇게 하지 않았다면 직관은

힘을 잃었을 테고, 다른 사람들 역시 창의적이라고 인정하지 않았을 것입니다.

인 터 뷰 어　　　　직관을 기를 수 있는 또 다른 방법은 없나요?

아인슈타인　　　　지식이 직관을 억누르지 않도록 다양한 분야를 파고들어야

합니다. 아는 것이 많은 분야일수록 새로운 직관으로 사태를 파악한다는 것이 쉽

지 않으니까 말입니다. 끊임없이 새로운 분야를 접하고, 거기서 얻은 교훈을 자신의 일에 적용하거나, 반대로 새로운 분야에 맞게 자신의 지식을 적용해야 합니다. 그러다 보면 문제를 직관적으로 바라보는 능력 역시 탁월해질 것입니다.

인 터 뷰 어　　　계속해서 지식 구조를 바꿀 수 있도록 다양한 분야를 접하라는 말씀이군요. 예를 들면, 광우병에 대해서 어떤 정보를 갖고 있느냐에 따라 수입 쇠고기에 대한 직관적 판단이 달라지니까 말이죠. 또한, 같은 문제라도 정치·경제적 정보를 많이 가진 사람은 그에 따라 직관이 달라질 것이고요. 결국, 직관을 잘 발휘하려면 대충 생각하는 것이 아니라 사전에 지식을 잘 체계화해야겠네요.

아인슈타인　　　지식의 체계화라는 말은 조심해서 사용해야 합니다. 흔히 '체계화'라고 하면 사람들은 도서관에 책을 차례대로 꽂는 것과 같은 것을 상상하니까요. 제가 생각하는 지식의 체계화는 언제든 자유롭게 활용할 수 있도록 지식을 자유롭게 풀어주는 것입니다. 예컨대, 어디에나 붙일 수 있도록 정보마다 여러 종류의 자석을 붙이는 것이죠. 어떤 문제에 붙을 수 있는 정보가 따로 정해져 있다고 생각한다면 직관을 기를 수 없으니까요. 그런 점에서 전혀 연결되지 않을 것 같은 정보도 갖다 붙일 줄 아는 것이 바로 직관입니다.

인 터 뷰 어　　　결국, 직관을 키우려면 지식을 유연하게 만들어야겠네요. 다른 분야에도 꾸준히 관심을 가져야 하고요.

아인슈타인　　　그렇습니다.

인 터 뷰 어   왜 선생님이 '생각이 자유로운 천재'인지 이제야 알 것 같습

니다. 좋은 가르침을 주셔서 감사합니다.

다른 인물, 같은 창의성 ___ 프랜시스 크릭, 제임스 왓슨

DNA 이중나선 구조의 발견은 아인슈타인의 상대성이론과 함께 20세기 인류가 이룩한 가장 중요한 과학 업적으로 꼽힌다. 상대성이론으로 물리학이 큰 전환점을 맞았듯이, DNA 이중나선 구조의 발견은 생물학 발전에 획기적인 변화를 일으켰다. 생명 현상을 기계적으로 파악해 분자 수준에서 다룰 수 있게 되었을 뿐만 아니라 최근 눈부신 발전을 거듭하고 있는 생명과학에도 큰 영향을 끼쳤기 때문이다.

아인슈타인이 그랬듯이 DNA 이중나선 구조를 발견한 프랜시스 크릭과 제임스 왓슨 역시 자신의 직관을 믿었다. 나아가 그것을 토대로 다른 사람의 연구 결과를 퍼즐 맞히기를 하듯 재조합해서 모두가 깜짝 놀랄만한 업적을 만들어냈다. 이에 어떤 사람들은 그들의 성공을 가리켜 단순히 '운이 좋았다'라거나 '도둑질'이라고 폄하하기도 한다. 하지만 창의성 연구 분야 최고 권위자인 스탠퍼드대학 로버트 와이즈버그 교수는 그것이야말로 창의성이 무엇인지 제대로 보여주는 훌륭한 사례라고 주장한다.

최근 인격을 갖춘 지식인과 전쟁이 발발할 가능성에 관해 이야기 나눌 기회가 있었다. 나는 전쟁이 다시 일어나면 인류의 생존 자체가 위협받을 것이기에 초국가적 조직만이 그런 위험에서 인류를 구할 수 있다고 했다. 그러자 상대방은 냉소적인 표정을 지으며 이렇게 말했다.

"인류가 사라지는 것에 대해 왜 그렇게 반대하십니까?"

한 세기 전만 해도 이런 이야기를 쉽게 내뱉는 사람은 거의 없었다. 이런 이야기는 평안을 찾지 못하고, 성공에 대한 희망조차 잃어버린 사람들이나 하는 것이었기 때문이다. 더욱이 이런 말은 지독한 고독과 고립을 겪을 때나 나오는 표현이다. 그런 것을 보면 요즘 많은 사람이 이런 고통을 겪고 있는 것 같다. 이런 현상이 나오는 원인은 과연 뭘까? 탈출구는 있을까?

윗글은 1949년 5월 발행된 사회주의 잡지《먼슬리 리뷰Monthly review》창간호에 아인슈타인이 기고한 글 일부다. 이렇듯 그는 물리학 외에도 다양한 분야에 자신의 정열을 불태웠을 뿐만 아니라 일생을 통해 창의성이 무엇인지 보여준 진정한 천재였다.

흔히 논리는 형식화되어 있어서 (창의성의 주요 특징인) 유연한 사고를 방해하는
것으로 오해한다. 하지만 논리에 바탕을 둔 최고 수준의 비판적 사고는
창의성과 통한다는 사실을 알아야 한다.

___ 베레니스 블리돈Berenice Bleedorn

비판적 사고로 사물의 본질 꿰뚫기

사태의 본질을 모르거나 하나의 명제로 정리해서 말할 수 없다면
차라리 입을 열지 않는 것이 좋다.

___ 루트비히 비트겐슈타인Ludwig Wittgenstein

논리 역시
창의성의 일부

직관이 뛰어났던 아인슈타인 역시 과학적·논리적 사고를 강조한 바 있다. 그 이유를 다음 문제를 풀면서 확인해보자.

> **💡 THE CREATIVE IDEAS**
>
> 지난주에 있었던 일이다. 이태원 씨가 사우나에 들어갔는데, 5명이 말싸움을 하고 있었다. 하나같이 조직 폭력배를 연상시키는 외모에 말투 역시 매우 거칠었다. 그런데 갑자기 모래시계 두 개를 쥐여주며 다짜고짜 이렇게 묻는 게 아닌가.
>
> "작은 모래시계는 4분짜리고, 큰 모래시계는 7분짜리요. 딱 9분만 버텨볼 테니, 잘 보고 시간이 되면 말해주시오."
>
> 그 말에 그의 이마에서는 땀이 비 오는 듯했다고 한다. 하지만 잠시 후 "정확히 재 드리지요"라며 자신 있게 말했다.
>
> 그렇게 해서 그는 그 문제를 해결하고 당당히 사우나에서 나왔다. 과연 그는 어떤 방법을 사용했을까?

여러 가지 방법으로 위 문제를 풀 수 있다.

우선, 세심한 관찰력을 발휘해서 문제를 풀 수 있는데, 으레 목욕탕이라면 시계 하나쯤 벽에 걸려 있기 마련이다. 따라서 탕 안에 있는 시계의 숫자를 확인한 후 남자들에게 시간을 알려주면 된다. 또한, 현실적인 맥락에서 문제를 해결하는 방법도 있다. 사우나에는 목욕하는 사람만 있는 게 아니다. 일하는 사람도 있다. 만일 탕 안에 시계가 없다면 목욕탕 담당자에게 9분 후에 꼭 알려달라고 부탁하면 된다.

숨겨진 조건을 생각해볼 수도 있다. 예를 들면, 이태원 씨가 귀찮아서 사우나에 들어갔을 때 방수 시계를 풀지 않았을 수도 있다. 이 경우 '손목에 차고 있던 자기 시계로 시간을 재서 알려주는 것' 역시 답이 될 수 있다. 마찬가지로 '시계를 차고 있는 다른 사람에게 부탁해서 시간을 재는 것'도 가능하다.

지금까지 예로 든 답 모두 나쁘진 않다. 하지만 만일 꼭 모래시계로만 재야 한다는 조건이 있다면 어떻게 해야 할까. 그 경우 앞서 제시한 그 어떤 답도 최적의 해결책이 될 수 없다. '9분을 정확히 잴 수 있는 다른 사람이 들어오기를 기다리거나, 남자들을 설득해서 대충 9분이라고 외친 후 믿게 만들 수도 있지만, 이는 절대 좋은 답이 아니다. 문제 조건을 제대로 인식하지 않은 상태에서 대충 생각한 답이기 때문이다.

세상에는 여러 가지 문제가 있다. 그중 애초에 내부 조건을 계산하는 일이 중요한 문제는 논리적인 창의성을 발휘해야 한다. 논리와 창의성은 마치 냉정과 열정 사이의 거리만큼이나 멀다. 하지만 자세히 살펴보면 논리 역시 창의적인 답을 만드는 생각 과정 중 하나임을 알 수 있다.

사우나 문제에서 주어진 핵심 조건은 4분짜리와 7분짜리 모래시계다. 두 시계를 더하면 11분이어서 남자들이 요구한 9분보다 2분이 더 많다. 그러므로 두 모래시계를 차례로 재기보다는 9분에 맞게 번갈아 가며 재는 방법을 찾아야 한다. 이렇게 문제를 주어진 대로 보지 않고 자기가 이해한 대로 다시 표현할 수 있다면 그 문제를 이해했다고 볼 수 있다. 두 시계를 번갈아 잰다는 것은 9분을 잴 수 있도록 숫자를 나눈다는 뜻이다. 이에 따라 열심히 숫자를 조합하다 보면 다음과 같은 해결책을 내놓을 수 있다.

일단, 모래시계 두 개를 동시에 뒤집어 시간을 잰다. 그리고서 4분짜리 모래시계의 모래가 다 떨어진 순간 다시 뒤집는다. 이렇게 되면 7분짜리 시계가 다 되었을 때는 4분짜리에 비해 3분이 더 지난 셈이고, 이때 4분짜리 모래시계에 남은 양은 1분 정도 된다. 여기서 진짜 묘책이 나온다. 7분짜리 모래시계가 다 되면 바로 뒤집는다. 그리고 4분짜리 시계가 다 될 때까지 기다린다. 4분 시계나 7분 시계 모두 1분이 흐르므로 4분 시계가 다 되었을 때 바로 7분 시계를 뒤집으면 1분만큼 더 가게 돼 결국 9분을 재게 된다. 하지만 이를 그대로 이용하면 두 번 뒤집는 순간 걸리는 시간 때문에 어쩔 수 없이 오차가 생긴다. 그러므로 아주 빠르게 뒤집거나, 뒤집을 때 걸리는 시간을 속으로 세거나, 시계를 뒤집는 사이에 사우나 유리창의 특정 지점에 붙어 있는 물방울이 아래로 떨어지는 길이를 재(즉, 시간을 눈으로 확인할 수 있게 객관화시켜) 그만큼을 빼주는 것과 동시에 '그만'이라고 외쳐야 한다.

이를 수식으로 나타내면 '4+3+1+1=9'이다. 이는 숫자 9를 만드는 수많은 덧셈법 중 하나지만, 이태원 씨를 곤경에서 벗어나게 해준 매우 창의적인 공식이다. 그는 어떻게 해서 이런 공식을 발견할 수 있었을까. 그가 생각을 계속 발전시켜 나가던 방법을 다시 확인해보자.

그는 숫자를 그냥 조합한 것이 아니라 현재 상태와 최종 목표 상태를 비교해가며 순서대로 문제를 해결하는 논리적인 과정을 활용했다. 그 결과, 평소에는 쉽게 생각하지 못했던 창의적인 답을 얻을 수 있었다. 간단한 덧셈 논리를 활용해서 말이다.

이제 비슷한 수준의 다른 문제를 풀며 논리적 창의성의 기본을 내 것으로 만들어보자.

여기 가방 3개와 저울이 있다. 그중 가방 하나에는 위조 동전이 가득 들어 있는데, 저울은 한 번에 하나의 물건만 올려놓을 수 있다. 조사한 바에 따르면, 진짜 동전은 무게가 70g, 위조 동전은 75g이다. 다른 방법을 사용하지 않고 오직 저울에 다는 방법만으로 위조 동전을 가려내야 한다면, 몇 번을 재야 위조 동전이 담긴 가방을 찾을 수 있을까?

이 문제를 해결하려면 가장 먼저 문제의 핵심 조건을 파악해야 한다. 여기서는 진짜 동전과 가짜 동전의 무게 차이가 바로 핵심 조건이다. 따라서 가장 효율적으로 동전 무게를 잴 방법을 찾아야 한다. 하지만 그에 앞서 반드시 해야 할 일이 있다. 일단, 가방의 순서를 정해야 한다. 그렇지 않으면 동전 무게를 재도 그 동전이 어디서 나왔는지 알 수 없기 때문에 답을 찾지 못할 가능성이 높다. 그후 임으로 정한 첫 번째 가방에서 동전 1개를, 두 번째 가방에서 동전 2개를, 그리고 세 번째 가방에서 3개의 동전을 꺼내자. 이렇게 뽑은 6개의 동전을 함께 달았는데, 만약 무게가 425g이라면 동전 하나만 뽑은 첫 번째 가방에 위조 동전이 있을 것이다 ($75+70\times5=425$). 마찬가지로 430g이 나간다면 두 번째 가방에 위조 동전($70\times4+75\times2=430$)이, 435g이 나간다면 세 번째 가방에 동전이 있는 셈이다($70\times3+75\times3=435$).

이런 논리적 사고가 필요한 문제를 순전히 직관이나 사회적 창의성에 의지해서 해결하려고 한다면 과연 어떻게 될까. 시간이 많이 들거나 엉뚱한 답을 내놓기가 쉽다.

비판적 사고의 힘

논리는 학교에서나 배우는 것이며, 실생활에서 그것을 사용하는 사람은 거의 없다고 생각하는 사람이 의외로 많다. 과연, 논리는 특별한 사람들만의 사고방식일까.

우리는 매 순간 나름대로 논리를 갖고 판단하며 살고 있다. 무엇을 먹을지, 어떤 TV 프로그램을 볼지, 언제 잠을 잘지, 약속 시간에 늦지 않으려면 어떤 교통수단을 이용해야 할지, 무엇을 살지 등…. 하지만 그렇다고 해서 우리가 논리적으로 타당한 생활을 하는 것은 아니다. 타당한 논리라고 생각해서 밀어붙였지만, 나중에 후회하는 경우도 적지 않기 때문이다. 그 이유는 과연 뭘까. 비판적 사고를 하지 못했기 때문이다.

우리는 지금 '참(진실)'을 제대로 판단해야 손해 보지 않는 삶을 살고 있다. 그에 따라 삶이 좋아지기도 하고 나빠지기도 한다. 이런 상황에서 논리에 바탕을 둔 비판적 사고를 하지 않는다면 과연 어떻게 될까. 창의성만 놓치는 것이 아니라 후회와 상처만 쌓인 나머지 불행해질 것이 뻔하다.

비판적 사고라는 말을 들으면 가장 먼저 어떤 생각이 드는가. '꼬치꼬치 따지기 좋아하는 것'이라는 선입관을 갖는 경우가 많다. 그러나 비판적 사고는 어떤 정보가 들어왔을 때 '꼬치꼬치 따지는 것', 즉 분석 이상의 의미가 있다.

비판적 사고는 어떤 정보나 주장의 진실성 및 정확성 그리고 가치를 판단하기 위해서 객관적 분석과 이성적 평가를 하는 것을 의미한다. 그러므로 겉으로 드러나는 '꼬치꼬치 따지는 것' 이상으로 외부 정보와 주장, 상황의 의미와 본질을 찾아내는 일이라고 할 수 있다. 철학자 임마누엘 칸트가 그의 책 제목에 '비판'이라는 단어를 넣은 것도 비판적 사고가 사물의 본질을 탐구하는 가장 기본자세로 생각했기 때문이다.

외부 정보와 주장, 상황을 그대로 받아들이는 무비판적인 사고는 상황에 맞지 않는 무모한 행동이나 독단, 독선, 혼란을 유발한다. 그러니 다른 사람을 설득하기도 힘들뿐더러 본인 역시 답답하고, 그런 사람의 주장이나 행동을 보는 다른 사람 역시 답답한 나머지 서로를 오해하게 된다. 그런 점에서 무비판적 사고는 '개인적인 악'일 뿐만 아니라 '사회적인 악'이기도 하다. 사람마다, 상황마다 다른 참(진실)을 놓고 싸우거나 서로를 오해하는 대혼란만 유발하기 때문이다.

반대로 비판적 사고를 하게 되면 사물의 본질을 꿰뚫을 수 있다. 그 결과, 다른 사람들에게 객관적으로 인정받으면서도 상황을 자신에게 도움이 되는 쪽으로 유도할 수 있다. 그러니 '개인적인 선'이자 '사회적인 선'

이며, 최적의 선택이라고 할 수 있다.

다윈주의(찰스 다윈이 생물의 변화를 설명하기 위하여 세운 진화의 작용 원리나 구조에 대한 학설)에 따르면, 생물은 그 자신을 위해서 사는 것이 아니다. 생물의 주요 기능은 다른 생물을 재생산하는 것이 아닌 유전자를 재생산하는 것이며, 따라서 생물은 유전자의 임시운반자 역할을 할 따름이다. 유성생식으로 만들어진 생물은 각기 특유의 존재로서 그 종을 구성하는 모든 유전자를 기초로 하여 우연하게 구성된 유전자 조합이라 할 수 있다.

자연선택은 세대가 바뀜에 따라 어떤 유전자들이 염색체상에 같은 위치에 놓인 다른 유전자보다 우세하게 표현되는 과정을 말한다. 각 세대에서 새로운 성세포들이 만들어지면 이렇게 우세한 유전자들은 일단 분리되었다가 재조합되어 같은 유전자를 평균적으로 높은 비율로 포함하는 새로운 생물을 만들어내게 된다. 그러나 개개의 생물은 생화학적 교란을 최소화시킨 상태에서 유전자를 보존하고 확산시키는 정교한 장치의 일부로서 이 유전자들의 운반 차량일 뿐이다. 바로 닭은 한 개의 알이 또 다른 하나의 알을 만들기 위한 수단이라고 말한 버틀러[Samuel Butler]의 유명한 경구가 현대화된 셈이니 바로 생물은 DNA를 만들기 위한 수단에 불과한 것이다. 더욱 핵심을 찔러 말한다면 시상하부와 대뇌변연계는 바로 DNA를 영속시키도록 조정되어 있는 것이다.

그러면 자연선택 과정에서 어떤 유전자들을 그다음 세대에 더 높은 비율로 물려줄 수 있는 어떤 장치가 생긴다면 그것이 어떤 장치이건 결국 그 종으로 하여금 어떤 특징을 갖도록 해줄 것이다. 그래서 어떤 부류의 장치는 개체의 수명을 연장하는 가 하면 다른 장치는 우수한 교미행동과 그 결과 생기는 자식의 보호를 촉진하기 도 할 것이다. 생물의 복잡한 사회행동이 유전자들의 자기복제 기술에 첨가되면 이타성은 더욱 증가하여 결국 극단적인 형태로 발전하게 될 것이다.

이 점이 바로 정의상으로 개체의 적응도를 감소시킨다고 하는 이타성이 과연 어떻게 자연선택에 의해 진화할 수 있는가 하는 사회생물학의 중심적 이론문제가 된다. 이에 대한 대답은 바로 혈연상이다. 즉 이러한 이타성을 유도하는 유전자를 같은 혈통의 두 개체가 공유하고 또 그 가운데 한 개체의 이타행동이 이러한 유전자들의 그다음 세대에 대한 공동의 공헌을 증대시킨다면 이타성의 경향은 그 유전자 푸울(Gene Pool, 주어진 시간 안에 번식 가능한 어떤 생물집단 속에 포함되어 있는 유전정보의 총량)에 널리 퍼질 것이다. 비록 이 이타행동이 단독적인 공헌을 감소시키게 된다 하더라도 이타성의 확대는 계속 일어날 것이다.

※ 출전 __ 에드워드 윌슨, 《사회생물학》 20~21페이지, 이병훈 · 박시룡 옮김, 민음사 刊

사회생물학의 창시자 에드워드 윌슨Edward Wilson은 사회생물학을 주창하며 인간과 사회에 대한 창의적인 시각을 제시해 화제가 되었다. 나아가 《통섭》이라는 책을 통해 기존 과학은 결국 생물학으로 대통합 될 것이라는 파격적인 주장을 하기도 했다. 그는 방대한 사례와 실험을 통해 자신의 논리가 타당함을 증명했고, 많은 사람이 그의 주장에 동조했다. 하지만 피터 싱어Peter Singer만은 예외였다. 그는 윌슨의 주장을 다음과 같이 논리적으로 분석하며 반대 의견을 제시하였다.

윌슨의 오류가 무엇인지 알고 싶다면 이를 엄격한 논리적 명사로 나타내 보면 된다. 그는 다음과 같이 주장한다.

전제 : 우리 유전자는 공동 풀에서 왔으며, 다시 공동 풀로 돌아갈 것이다.
결론 : 따라서 공동 유전자 풀을 위협하는 일은 그 무엇도 해선 안 된다.

윌슨의 결론은 가치어인 '~해야 한다'를 포함하고 있음에 반해, 그 전제는 가치어를 포함하고 있지 않다. 이는 그의 추론이 잘못되었음을 보여준다. 따라서 그의 전제를 받아들임과 동시에 결론을 거부할 수도 있다. 또한, 그의 논증에 논리적인 설득력을 부여하려면 그의 논증에 사실적 전제 외에 가치 전제를 더해야 한다.

첫 번째 전제 : 우리 유전자는 공동 풀에서 왔으며, 다시 공동 풀로 돌아갈 것이다.
두 번째 전제 : 유전자의 생존을 위협하는 일은 그 무엇도 해선 안 된다.
결론 : 따라서 공동 유전자 풀을 위협하는 일은 그 무엇도 해선 안 된다.

이 논증에서 전제를 받아들인다면 결론 역시 받아들여야 한다. 가치는 두 번째 전제에서 도입되었으며, 이에 따라 결론에서 나타나는 가치어 '해야 한다'는 정당하다. 하지만 두 번째 전제, 즉 가치 전제에 논의의 여지가 있음을 알 수 있다.
유전자의 생존에 저해되는 행위를 해서는 안 되는 이유는 무엇인가. 윌슨은 이와 같은 가치 전제에 대한 옹호 논의를 제시하고 있지 않으며, 그렇다고 그러한 가치 전제를 자명한 진리라고 말할 수도 없다.

※ 출전 __ 피터 싱어, 《사회생물학과 윤리》 148~149페이지, 김성한 옮김, 인간사랑 刊

피터 싱어는 윌슨의 복잡한 주장을 전제와 결론으로 나누어 명쾌하게 정리했다. 그리고 그 문제점을 분석해 자신의 논리에 따라 평가한 후 윤리는 생물학적 설명 이상의 것이 필요하다고 주장했다.

그는 공리주의 윤리설에 바탕을 둔 관점을 가진 윤리학자다. 즉, 기본적으로 개인의 이익만을 추구하는 학자가 아니다. 그러다 보니 이성적인 판단을 통해 '보편적인 관점'에서 타당한 도덕적인 결론을 내리며, 그것을 생활 속에서 실천할 것을 강조한다. 또한, 자신의 논리를 주장할 때 사용하는 용어에 대해서도 세심한 주의를 기울인다. 예를 들면, '동물'을 그저 '동물Animal'이라고 하는 것이 아니라 반드시 '인간 아닌 동물Non-human animal'이라고 표현한다. 이를 통해 동물과 인간이 질적으로 큰 차이가 없는 생명체임을 강조하며, 인간을 가장 진화된 존재로 인정하며 다른 종은 차별해도 된다는 논리를 펴는 사람들과는 분명한 선을 긋고 있다. 그와 함께 윤리적인 고려 대상의 범위를 확장해야 한다는 일관된 메시지를 전파한다.

그렇다면 과연 에드워드 윌슨의 주장처럼 예술을 제외한 모든 과학과 철학, 심지어 윤리까지도 생물학적으로 충분히 설명할 수 있을까.

피터 싱어는 이런 난해한 문제를 《사회생물학과 윤리》에서 정밀하게 분석하며, 생물학적 특성으로 윤리를 설명할 수 없음을 입증했다. 그렇다고 해서 무조건 윌슨의 주장을 부정하지도 않았다. 유전자 역할을 인식해서 인간과 윤리에 대한 새로운 시각을 갖고 궁극적으로는 유전자의 영향에서 벗어나는 방법을 찾고자 했다.

　세상에는 수많은 철학자가 있지만, 많은 사람이 가장 창의적이며 탁월한 철학자로 피터 싱어를 꼽는다. 비판적 사고를 통해 일관된 논리로 문제를 해결하고자 했기 때문이다. 그렇다면 그를 그렇게 만든 힘은 과연 무엇일까. 그 비결은 바로 논리적 창의성에 있다.

말 속에
숨겨진 진실 찾기

　　　　　　　"옷을 돌려주거나, 아니면 새 옷으로 사줄게."

　친구가 당신에게 이렇게 말했다고 하자. 과연, 친구는 옷을 돌려주겠다고 약속한 것일까. 아니다. 그렇다면 새 옷을 사주겠다고 약속한 것일까. 그렇지 않다. 정확히 말해서 친구는 이렇게 하거나, 아니면 저렇게 하겠다며 말한 것일 뿐이다. (이는 선거 때마다 정치인들이 공약을 내걸 때 잘 쓰는 방법이기도 하다) 그런데도 듣는 사람 입장에서는 친구가 기꺼이 옷을 돌려줄 수도 있고, 새것으로 사줄 의사도 갖고 있다는 것처럼 잘못 생각하는 경우가 많다. 친구의 주장은 두 가지가 아니라 한 가지일 뿐인데도 말이다.

　비판적 사고를 하지 않으면 이런 달콤한 유혹에 넘어가기 쉽다. 비판적 사고를 통해 사태를 파악하면 생각의 함정에 빠질 확률이 그만큼 줄어들 뿐만 아니라 절약한 인지적 자원을 창의적 대안을 만드는 데 쏟아부을 수 있다. 그러자면 주의해야 할 단어가 있다. 미묘한 단어를 통해 자신의 주장을 슬쩍 숨기는 사람들이 적지 않기 때문이다. 왜곡된 말을 사용하기도 한다.

"장관은 올해 청년 실업자 수를 전년과 비교해서 겨우 20%대로 낮추겠다고 장담했다."

20%라고 하면 객관적으로 그리 나쁘지 않은 수치다. 하지만 그 앞에 '겨우'라는 말을 사용함으로써 보잘것없게 만들고 말았다. 만일 그 앞에 '확실히 차이 나는'이라는 말을 붙였다면 과장하게 되었을 것이다.

비판적 사고를 위해서는 그와 같은 말에 현혹되지 말아야 한다. 그 대신에 그 말에 담긴 숨은 진실을 찾아야 한다. 만일 어떤 사람이 파티에서 당신에게 다음과 같이 말한다면 어떻게 하겠는가.

"넌 언제쯤 바람둥이 노릇을 그만둘 거니?"

이때 절대 우물쭈물해서는 안 된다. 그렇다고 변명을 해서도 안 된다. 무슨 말을 하건 다른 사람들이 색안경을 끼고 볼 것이 틀림없기 때문이다. 차라리 다음과 같이 말 속에 숨겨진 주장을 지적하는 식으로 멋지게 대응하는 것이 좋다.

"너는 내가 왜 바람둥이 노릇을 하고 있다고 생각하니?"

왜곡된 말이 들어간 유도 질문은 그것을 진실이라고 믿게 유도하기 때문에 나쁜 것이다. 따라서 그런 질문을 받았다면 비판적인 사고를 통해 상대가 숨기고 있는 주장을 정확히 지적해야 한다. 그 후 상대의 말이 맞는지 틀리는지를 토론하는 것이 좋다.

비판적 사고를 기르려면 숫자를 이용한 자료를 받아들이는 데도 특별히 주의해야 한다. 숫자를 사용하면 겉으로 보기에는 정확해 보이지만, 그것이 정확하지 않거나 비교 대상이 없으면 모호한 주장에 지나지 않는다. 예를 들면, 어떤 배우가 "이번 주에 저희 영화 예매율이 50%나 올랐습니다."라고 말했다고 하자. 놀라운 수치처럼 보지만, 여기에는 문제가 있다. 비교 대상이 없다는 것이다. 만일 지난주 예매자가 100명이었다면 150명이 예매한 것을 가지고 비약적인 발전이라고 할 수 있을까. 그러므로 숫자 역시 진실을 호도할 수 있음을 유의해야 한다.

논리를 통해 상황을 구체적으로 분석하라

인 터 뷰 어　　선생님 제자인 게오르크 폰 리히트는 선생님과 대화할 때 마치 최후의 심판을 체험하는 것 같은 고통을 느꼈다고 한 적이 있습니다. 철학적 주제뿐만 아니라 생활의 세세한 부분까지도 그냥 넘어가는 법 없이 파헤치고, 의심하고, 그 진실성을 일일이 재검토하셨기 때문입니다. 그 점에 관해서 어떻게 생각하십니까?

비트겐슈타인　　나는 내 정신세계에 들어온 것들을 확실하게 하려고 사고를 했을 뿐, 누군가를 두렵게 하거나 존경받기 위해서 비판한 적이 단 한 번도 없습니다.

인 터 뷰 어　　　그래서 스승이었던 당대 최고 철학자 버트런드 러셀까지도 거리낌 없이 공격할 수 있었군요.

비트겐슈타인　　　정확히 말하면 스승님을 공격한 것이 아니라 스승님의 잘못된 논리를 비판한 것입니다. 그런 점에서 볼 때 사태의 본질을 모르거나 하나의 명제로 정리해서 말할 수 없다면 차라리 입을 열지 않는 것이 좋습니다.

인 터 뷰 어　　　어떻게 하면 선생님처럼 상황을 명쾌하게 정리하는 비판적 사고가 가능할까요?

비트겐슈타인　　　논리를 통해 상황을 분석하면 됩니다.

인 터 뷰 어　　　더 구체적으로 말씀해주십시오.

비트겐슈타인　　　만일 어떤 일이 일어나면 참과 거짓을 논할 수 있는 명제들의 집합으로 이루어져 있는지 생각해봐야 합니다. 그런 다음에 결론을 찾고, 주장을 담고 있는 문장이나 글에 각각의 번호를 매겨서 찬찬히 살펴보세요. 그것이 바로 비판적 사고를 통한 분석입니다.

인 터 뷰 어　　　그 후에는 어떻게 해야 하나요?

비트겐슈타인　　　다음과 같은 질문 과정을 거쳐야 합니다.

첫째, 주장이 되기에는 너무 모호한 문장은 아닌가?

둘째, 만일 그렇다면 나머지 논증을 통해 그 의미를 확실하게 파악할 수 있는가?

셋째, 그래도 문장이 모호하다면 아예 삭제하는 것이 좋습니다. 전문가의 말이거나 숫자가 쓰여 있거나 상관없이 말이죠.

넷째, 만일 왜곡된 말이 사용되었다면 중립적인 말로 바꿔서 다시 한번 살펴봐야 합니다. 아마 다른 결론을 내릴 가능성이 보일 것입니다. 그러면 주어진 결론에 대해서 다른 가능성이 있는 결론을 바탕으로 비판하면 됩니다.

다섯째, 결론을 내릴 때 자기 입장과 반대되는 것에 관해 고려가 있는지 유심히 살펴봐야 합니다. 논리적이지 않은 사람들은 대부분 자기 관점에서 결론을 내리지만, 논리적인 주장을 펼치는 사람들은 반대되는 관점까지도 고려하기 때문입니다. 따라서 어떤 글을 읽거나 어떤 사람의 이야기를 들을 때, 또는 어떤 상황에 부닥쳤을 때 반대되는 관점 역시 고려하고 있는지 가장 먼저 살펴보는 것이 좋습니다. 또한, 그것을 아울러서 통합적인 생각을 하고 있는지도 꼭 확인해야 합니다.

그밖에도 많은 것이 있겠지만, 비판적 사고를 하는 데는 이 다섯 가지가 가장 핵심이라고 할 수 있습니다.

인 터 뷰 어   왜 선생님을 '사유의 천재'라고 하는지 비로소 알 것 같습니다. 좋은 말씀 감사합니다.

다른 인물, 같은 창의성 __ 르네 마그리트

위 그림은 르네 마그리트^{Rene Magritte}의 〈빛의 제국〉이다. 얼핏 보면, 그저 낭만적인 풍경을 그린 작품 같지만, 자세히 보면 이상한 점이 눈에 띈다. 하늘을 보면 대낮인데, 집 창문에서는 불빛이 새어 나오고 있으며, 가로등 역시 켜져 있다. 또한, 집 앞 연못에는 푸르른 하늘이 아닌 밤 풍경이 비치고 있다.

이렇듯 논리적으로 앞뒤가 맞지 않는 비현실적인 그림을 그렸다고 해서 그를 초현실주의 화가로 분류한다. 그렇다고 해서 그가 무의식이나 환상 세계를 그린 화가는 아니다.

그는 친숙한 사물을 일부러 모순되게 그려서 보는 사람들을 충격에 빠뜨렸으며, 이는 고도의 논리에 의해 철저히 계산된 것이었다. 그 결과, 가장 논리적이면서도 창의적인 화가로 인정받고 있다.

사실 그는 철학에 상당한 지식과 통찰력을 갖고 있었다. 이에 화가가 아닌 '생각하는 사람'으로 불리길 원했다. 그런 점에서 그림은 창의적인 철학 논리를 효과적으로 표현하는 수단이자 상식을 깨는 논리적 창의성을 표현하는 수단이었다.

같은 인물, 다른 창의성 _ 루트비히 비트겐슈타인

오랜 은둔 생활을 끝내고 고향에 돌아온 비트겐슈타인은 셋째 누나의 새집 짓는 일을 도왔다. 대학에서 기계공학을 배웠고, 영국 맨체스터대학에서 항공공학을 공부하며 새로운 비행기 엔진에 대한 특허까지 냈던 그였지만, 건축은 전혀 새로운 분야였다. 그런데도 그는 거기에 몰입했고, 결국, 여타 건축가들의 수준을 뛰어넘었다.

이에 대해 그는 한 강의에서 이렇게 말한 바 있다.

"여러분은 철학이 어렵다고 하지만, 장담컨대 훌륭한 건축가가 되는 어려움과 비교하면 아무것도 아니다."

그는 비판을 위한 비판으로 논리를 사용하거나 현실을 고려하지 않은 채 추상적인 사변을 늘어놓는 철학을 경멸했다. 심지어 철학 교수란 세상에서 가장 쓸모없는 사람이라며 제자들에게 실용적인 직업을 가지라고 할 정도였다. 그 결과, 그의 제자였던 모리스 드루어리Morris Drury는 철학을 그만두고 의대에 들어가 정신과 의사가 되었고, 프랜시스 스키너Francis Skinner는 나사 만드는 노동자가 되기도 했다.

그는 형이상학적인 질문에 답변하는 식으로 철학을 하지 않았다. 제1차 세계대전 때는 전장에 직접 나가서 싸웠고, 제2차 세계대전 때는 케임브리지대학 교수를 그만두고 병원에서 약품 배달을 하는 자원봉사를 하며, 행동을 통해서 철학이 무엇인지 직접 보여주었다. 그래서일까. 그가 남긴 생각은 지금도 여전히 강한 힘을 발휘하고 있다.

바람이 불지 않을 때 바람개비를 돌릴 수 있는 유일한 방법은
앞으로 달려나가는 것이다.

__ 앤드루 카네기 Andrew Carnegie

PART 6 실용

실행활과 연결하기

이상이 아닌 현실을 보라,
현실을 무시한 창의성은 존재하지 않는다.

___ 빌 게이츠Bill Gates

실용적인 문제일수록
해결하기 쉽다

논리가 중요하다는 사실은 누구나 다 알고 있다.
그래서 학교에서도 다양한 철학적 명제를 이용해 귀납법과 연역법 등을
가르친다. 그런데도 실생활에서 논리를 활용하는 것이 힘든 이유는 뭘까.
다음 문제를 보자.

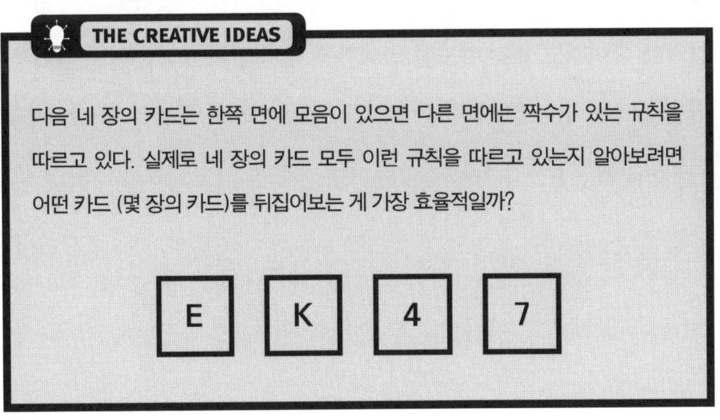

물론 모든 카드를 다 뒤집어 보면 규칙을 검증할 수 있다. 그러나 가장 적은 수의 카드를 뒤집어 규칙을 검증할 방법을 찾는 게 문제 조건인 만큼 거기에 맞는 최적의 답을 찾아야 한다.

우선, 'E'라고 써진 카드를 선택했다고 하자. 이 경우 뒷면에 홀수가 나온다면 문제 조건에 맞지 않으므로 가장 효율적이며 올바른 선택이라고 할 수 있다. 하지만 만일 'E' 카드 뒷면에 진짜 짝수가 나오는지 확인하려고 선택한 것이라면? 즉, 겉으로 드러난 선택 결과는 똑같아도 그런 선택을 하게 만든 생각이 다르다면 그리 좋은 선택이라고 할 수 없다.

'E' 카드를 뒤집어 규칙과 반대되는 예를 찾는 방법—반증 사례로 전체 타당성을 증명하려는 논리 적용—이 아니라 그저 주어진 규칙을 수동적으로 확인하려는 방식은 창의성과 거리가 멀다.

'4'라고 써진 카드를 선택하는 경우 역시 마찬가지다. 그 뒷면이 모음이건 자음이건 주어진 규칙의 부당성을 증명하지 못하므로 카드를 뒤집을 필요가 없다. 마찬가지로 'K'라고 써진 카드 역시 선택할 필요가 없다. 그러나 '7'이라고 써진 카드를 선택했을 때 뒷면이 모음이면 규칙에 맞지 않는다는 점이 증명된다. 따라서 'E'와 '7' 카드를 뒤집어 보면 규칙을 효율적으로 검증할 수 있다.

미국 어떤 주에는 맥주를 마시려면 19살이 넘어야 한다는 법이 있다. 만일 당신이 이 법규가 제대로 지켜지고 있는지 확인해야 하는 경찰이라면 다음과 같은 경우 어떻게 할 것인가?

신고를 받고 술집에 갔더니 네 사람이 테이블에 둘러앉아 있고, 제보를 한 사람이 슬쩍 다가와 테이블에 앉은 사람을 한 명씩 손가락으로 가리키며 이렇게 말했다. "맨 앞에 등을 보이고 앉아 있는 사람부터 오른쪽으로 돌아가며 차례로 말할게요. 저 사람은 맥주를, 그 옆 사람은 콜라를 마시고 있습니다. 그다음 사람은 18살이고, 마지막 끝에 앉아 있는 사람은 25살입니다."

이제 여러분은 음주법 위반 여부를 판단하는 데 필요한 정보를 더 얻기 위해 제보자가 말한 사람들을 검문해야 한다. 과연, 어떤 사람을 선택해서 알아보는 게 가장 효율적일까?

만일 당신이 경찰이라면 과연 누구를 선택하겠는가. 모든 사람을 다 검문하면 음주법 위반 여부를 검증할 수 있겠지만, 적정한 대상자가 아닌 사람이 검문받으면 불만이 커질 것이 틀림없다. 더욱이 실랑이를 벌이다가 불상사라도 생기면 그에 상응하는 대가를 치러야 한다. 그 때문에 가장 적은 노력으로 음주법 위반을 단속하는 방법을 찾아야 한다.

결론적으로, '맥주 마시는 사람'을 택해 그 사람이 19살인지 아닌지를 살피고, '18살인 사람'을 택해 그가 술을 마시고 있는지 아닌지를 살피면 된다. 사실 이 문제는 앞서 제시한 카드를 뒤집어 규칙을 검증했던 문제와 논리적으로 똑같은 구조를 띠고 있다.

규칙을 검증하는 방법에는 크게 두 가지가 있다. 규칙과 관련된 모든 사례를 직접 확인하는 방법과 그 반대되는 사례를 찾아서 그것이 올바른지 아닌지를 살피는 방법이 바로 그것이다.

앞서 제시한 두 문제의 경우 반증 사례를 찾는 것이 관건이다. 주목할 점은 정답을 맞힐 확률이 '음주법 문제'가 훨씬 더 높다는 것이다. 그 이유는 과연 뭘까. 똑같은 유형의 문제인데도 어떤 점이 생각을 다르게 하는 것일까.

문제 제시 맥락이 다르다. '카드 선택 문제'의 경우 논리 책에나 나올 법한 추론 문제인 반면, '음주법 문제'는 실생활에서 으레 있을 법한 문제다. 따라서 머릿속에서 활성화되는 지식이 다르며, 그것이 생각의 차이를 만들어 결국 답을 내놓는 양상도 다르게 한다.

심리학자들에 따르면, 사회적 맥락에 따라 문제를 내면 정답을 맞힐 확률이 훨씬 더 높다고 한다. 일례로, 미국 캘리포니아 주립대학 리다 커스미디즈^{Leda Cosmides} 교수와 존 투비^{John Tooby} 교수가 앞서 제시한 '음주법 문제'와 비슷한 형태로 카드 선택 문제를 변형해서 실험한 결과, 사회적 상황으로 제시한 조건에서 사람들이 정답을 훨씬 더 잘 맞힌다는 사실을 확인할 수 있었다.

심리학자들은 이를 진화론적 관점에서 해석하기도 한다. 우리 조상들은 생존하기 위해 자기에게 해를 입히는 거짓말쟁이를 가려내는 모듈을 진화시켰는데, 이런 모듈은 속임수를 쓰거나 집단 규칙을 어겨 이익을 챙기는 사람을 가려내는 능력과 연관되어 있으며, 실제 생활 속에서 진화를 거쳐 강화되었다.

우리가 학교라는 제도를 만들어 공부하기 시작한 것은 전체 진화 역사에서 보면 매우 짧은 순간에 지나지 않는다. 그런 점에서 진화심리학자들은 진화적으로 오래된 것이 우리 생각과 판단에 더 큰 영향을 미친다고 주장한다. 그 결과, '카드 문제'보다 더 어려울 수도 있지만, 직접 경험할 수 있는 '음주법 문제'를 더 잘 맞히게 된다는 것이다. 만일 이런 연구 결과를 창의성에 적용하면 어떻게 될까.

실생활을
고려해야 하는 이유

똑같은 문제라도 실생활적인 측면으로 바꿔서 생각하면 더 잘 해결할 수 있음을 위에서 살펴보았다. 문제를 잘 해결할 수 있다면 그만큼 창의성을 발휘할 확률도 높고, 창의성을 발휘해서 만든 답이 실제로 적용될 확률 역시 높다. 즉, 실생활을 고려하면 문제에 대한 효율적인 이해부터 해결, 적용까지 일거양득 효과를 거둘 수 있는 셈이다. 하지만 이를 무시한 나머지 창의성을 더는 발휘하지 못하는 사람이 의외로 많다. 젊은 시절의 토머스 에디슨Thomas Alva Edison 역시 그런 사람 중 한 명이었다.

에디슨은 청년 시절 투표용지 자동 계산기를 발명하고, 그것이 꼭 필요하다고 생각했던 국회에 구매할 의향이 있는지 알아보았다. 그는 자신의 발명품이 쉽게 받아들여질 것이라고 자신했다. 일일이 사람이 투표용지를 수거해서 하나하나 세고, 또 그것을 더해서 통계를 내어 게시하는 시간과 수고를 덜 수 있었기 때문이다. 실제로 그가 직접 만났던 국회의원 역시 멋진 아이디어라며 칭찬을 아끼지 않았다. 그러나 다음과 같은 의견을 덧붙였다.

"멋진 기계지만, 쓸모가 없네."

에디슨은 깜짝 놀라며 다음과 같이 반문했다.

"아니, 왜요? 방금 좋다고 하지 않았습니까?"

그러자 국회의원은 답답하다는 듯이 이렇게 말했다.

"국회는 국회 내부 규칙과 관습에 의해 제약을 받네. 그런 점에서 시간을 들여 사람이 투표용지를 일일이 계산하는 것은 부당한 법이 쉽게 통과되는 것을 막고, 어떤 음모가 개입되지 않도록 나름대로 대비책으로 만들어진 것일세."

말하자면 에디슨의 발명품은 훌륭하긴 하지만, 사용자가 존중하는 관습이나 규칙을 무시한 쓸모없는 작품이라는 것이었다. 그 말에 충격을 받은 에디슨은 다시는 현실에서 벌어지는 일을 무시하고, 추상적인 생각만으로 발명하지 않겠다고 결심했다.

실용적 창의성을 잘 활용해서 성공한 사례는 비단 에디슨뿐만이 아니다. 스티브 잡스, 잭 웰치Jack Welch 역시 실용적 창의성의 힘을 강조했다. 그들은 다른 사람들이 문제점이라고 생각하는 복잡한 비즈니스 상황을 실용적 관점에서 해결해 최적 대안을 찾아냈다. 그렇다면 복잡한 우리 삶 역시 그와 같은 방법으로 해결할 수 있지 않을까.

다음 문제를 보자.

세 명의 선교사와 세 명의 식인종이 강을 건너려고 한다. 그런데 문제가 있다. 배에 최대 두 사람만 탈 수 있고, 강 어느 쪽에서도 식인종 수가 선교사보다 많으면 안 된다는 것이다. 식인종이 선교사를 잡아먹을 수도 있기 때문이다. 과연, 어떻게 하면 모두 무사하게 강을 건널 수 있을까?

이 문제를 풀어본 경험이 다들 있을 것이다. 그러나 어떤 도구를 이용하 건 대부분 다음과 같은 경로를 통해 답을 얻었을 것이다.

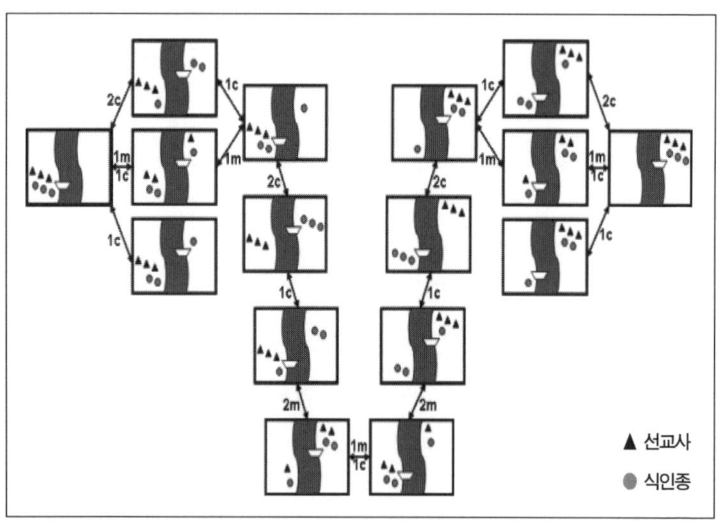

하지만 여기서 하나의 의문이 든다. 왜 정답이 하나밖에 없냐는 것이다. 창의성은 답이 여러 개 존재하는 유연한 사고라고 했는데도, 위 문제는 어떤 도구를 이용해서 답을 찾건 간에 형태는 다를지언정 풀이과정은 똑같은 구조를 담고 있다. 즉, 창의성 문제인데도 풀이과정과 답은 하나밖에 없는 것이다.

사실 앞서 살펴본 복잡한 과정을 거쳐 나오는 답은 창의적이라기보다는 '배에 최대 두 사람만 탈 수 있다'는 제한조건에 맞는 답이다. 따라서 다른 조건에 집중하면 다른 답을 찾을 수 있다. 그러자면 다음과 같이 직관의 창의성과 관련된 질문을 자기 자신에게 해야 한다.

—문제에 숨어 있는 고정관념은 과연 무엇인가?
—문제에 드러나 있지는 않지만, 사실은 포함된 가정이 있지는 않은가?
—문제 내용을 다르게 바꾸면 어떻게 될까?

이 문제의 가장 근본적인 배경 조건인 '강'부터 살펴보자.

이 문제는 선교사와 식인종 사이의 관계를 논하기 전에 일단 '강을 건너는 문제'로 생각할 수 있다. 이렇게 문제에 대한 정의를 다르게 내리는 과정을 계속 진전시켜 보자. 그러면 이 문제가 단순히 강을 건너는 문제가 아니라 '모두가 강을 편하게 건너는 방법을 찾는 문제'는 아닐까? 라는 생각을 할 수도 있다. 이렇게 문제에 대한 정의를 바꾸니, 식인종이 선교사를 잡아먹는다는 세부 조건 역시 어쩔 수 없는 제한 조건이 아닌 목표에 대한 방해 조건으로 바뀐다. 즉, 방해 조건을 피할 방법을 찾는 것이 문제해결의 핵심인 셈이다. 따라서 식인종이 선교사를 잡아먹지 않게 하려면 배에 타거나 강 어느 쪽에서도 식인종 숫자가 선교사보다 많지 않게 해야 한다는 규칙을 착실히 지키면 된다. 하지만 그런 식으로 배를 타고 강을 건너는 일은 복잡하다. 차라리 식인종이 선교사를 잡아먹지 않게 하면서 강을 건널 수 있는 간단한 답을 찾는 건 어떨까. 같은 문제를 더 간단하게 해결했으니 충분히 창의적인 답이라고 할 수 있다.

그런데 여기서 잠깐. 만일 이 문제를 풀 때 처음부터 실생활과 연결 지어 파악했다면 어떻게 되었을까. 강이라면 으레 다리가 있거나 그 끝이 땅과 이어져 있기 마련이다. 그렇다면 선교사와 식인종이 목숨을 걸고 배의 노를 저으며 힘들게 강을 건너기보다는 서로 손을 잡고 다리를 건너거나 강을 에둘러 가는 방법이 더 좋지 않을까. 물론 '도굴꾼 문제'에서처럼 '로켓을 쏘겠다'와 같이 '특정한 상황'에 해당하는 조건을 추가하는 게 아니냐고 반문할 수도 있다. 하지만 강에 다리가 있는 것은 '특정한 상황'이 아니다. 현실적으로 '실재하는 사회적 상황'이다.

하지만 강이 너무 길면 어떻게 될까. 에둘러 걸어가기에는 너무 멀어서 도중에 식인종이 선교사를 잡아먹을 수도 있다. 그런데 긴 강이라면 모든 사람이 에둘러 걸어갈 수 없을 테니, 현실적으로 다리가 하나도 없을 수 있을까. 노 젓는 배가 있다고 했으니 실제 상황을 고려하면 그리 길지 않은 강일 가능성이 높다. 하지만 강이 생각보다 거대하다면? 이 경우 선교사와 식인종이 번갈아 가며 배로 건너는 방법은 아무 소용 없다. 하지만 노를 저어 강을 건너는 사이에도 선교사가 노를 젓느라 배고파진 식인종에게 잡아먹히지 않을 수 있다면, 같이 다리를 건너기 위해 노력하는 방법도 얼마든지 가능하다. 물론 다리가 없을 수도 있다. 이는 다리를 만들 필요가 없거나 만들 수 없기 때문이다. 만일 다리를 만들 필요가 없을 정도로 수원지가 가깝다면 에둘러 가면 되고, 다리를 만들 수 없는 상황이라면 배로 가면 된다. 아예 노를 젓는 배로 가지 못할 정도로 넓은 강이라면 '특정한 상황' 조건에 맞는 제3의 방법을 생각해야 한다.

이렇듯 문제에 대한 효율적인 이해부터 해결 및 적용까지 일거양득 효과를 거둘 수 있다는 사실을 잊지 않고 실생활 요소를 먼저 고려하면 얼마든지 창의적인 답을 찾을 수 있다.

조금 더 큰 틀에서
문제를 바라보라

THE CREATIVE IDEAS

90마리의 양을 몰고 강을 건너려는 상인이 있다. 상인이 뱃사공에게 강을 건너가게 해달라고 하자, 뱃사공은 '자신이 건네주는' 양의 절반을 뱃삯으로 달라고 했다. 상인은 손해를 보지 않는 선에서 양을 주기로 하고 무사히 강을 건넜다. 과연, 상인은 뱃사공에게 몇 마리의 양을 줬을까?

90마리의 절반이므로 45마리라는 답이 가장 먼저 떠오를 것이다. 하지만 문제가 그렇게 쉬울 리 없다. 그렇다면 30마리는 어떨까. 문제를 보면 '뱃사공은 자신이 건네주는 양의 절반을 뱃삯으로 달라'고 한 내용이 나온다. 이것이 바로 이 문제의 핵심 조건이다. 이를 상인 입장에서 생각하면 90마리의 절반인 45마리보다 더 적은 양을 주는 게 가장 좋은 답, 즉 창의적인 답이다.

사실 상인 입장을 고려하지 않더라도 그동안의 경험만 잘 더듬어도 30마리라는 답을 쉽게 찾을 수 있다.

세상에는 여러 가지 비용 지급 방식이 있는데, 크게 보면 선지급제와 후지급제가 있다. 45마리라는 답은 후지급제를 따를 때의 답이다. 그러나 선지급제로 할 경우 전혀 다른 답이 나온다. 상인은 자기 이익을 최대한 챙기면서 뱃사공에게 가장 적게 줄 숫자를 생각했을 게 틀림없다. 그 결과, 자신의 몫을 60마리로 정해놓고, 그 절반인 30마리를 뱃사공에게 미리 주면 된다는 사실을 곧 알게 되었을 것이다. 그의 입장에서 보면 45마리보다 15마리나 적은 30마리만 주면 되니 매우 창의적이라고 할 수 있다. 그러나 이는 낮은 수준의 창의성을 발휘한 '좋지 않은 답'이다. 더 큰 사회적 맥락을 놓치고 있기 때문이다. 예컨대, 상인 입장에서 '상상하기'만 하지 말고 '입장 바꿔 생각하기'를 적용해보자. 뱃사공은 상인과 같은 분야 사람이 아니다. 그는 일반인이 그렇듯이 후지급제를 생각해서 그냥 말하기 편하게 '절반'을 요구했을 가능성이 높다. 따라서 그 입장에서 보면 상인이 생각해낸 30마리라는 묘안은 그의 뒤통수를 친 꼼수에 지나지 않는다.

창의적인 답은 상식을 뒤엎는 경우가 많지만, 상식을 뒤엎는다고 해서 모두 창의적인 것은 아니다. 상식을 뒤엎는 답은 아주 제한적인 상황에서만 허락되는 꼼수가 대부분이기 때문이다. 만일 상인이 현명한 사람이었다면 단기적인 관점이 아닌 장기적 관점에서 뱃사공과의 관계를 고려해서 전혀 다른 행동을 했을 것이다. 한 번에 양을 90마리나 갖고 가서 이익을 낸 상인이라면 다시 그 동네에서 양을 사 갈 것이 틀림없고, 강을 건너기 위해 뱃사공을 찾을 것이다. 하지만 상인에게 한번 속은 뱃사공은 앙심을 품은 결과, 이번에는 강을 건네주는 대가로 양의 3분의 2를 달라고 하거나 아예 다른 뱃사공과 짜서 더 비싼 값을 요구할지도 모른다. 그러니 양 15마리를 아끼려다가 더 큰 이익과 자신의 평판만 나쁘게 할 수도 있다. 물론 뱃사공에게 본때를 보이겠다며 아예 배를 사서 사공을 데리고 다닐 수도 있다. 그러나 이 역시 근시안적인 태도다. 항상 배가 필요하지도 않을뿐더러 적지 않은 유지비용이 들기 때문이다.

그런데 만일 상인이 30마리라는 답을 찾았지만, 45마리를 뱃사공에게 줬다면 어떻게 될까. 친분도 쌓고, 서로 도움을 주는 이른바 사업 파트너가 될 수도 있다. "이미 30마리를 뱃삯으로 주는 답을 찾았지만, 상도의로써 양보하겠다."라는 상인의 말을 들은 뱃사공은 이 상인은 믿을 만한 사람이라고 생각할 가능성이 높다. 그 결과, 거래에서 가장 중요한 신용과 좋은 평판을 얻는 것은 물론 다른 뱃사공들에게도 소문이 퍼져 뱃사공들의 경쟁을 유발, 운임 할인 등 장기적으로 자신이 원하는 결과를 얻을 수 있다. 그리고 그 효과는 거래 규모가 클수록 커진다. 그러니 처음에는 미련하게 보였던 45마리라는 답이 30마리라는 답보다 훨씬 더 창의적일 수도 있다.

실생활을 고려하면 좀 더 창의적인 답을 찾을 수도 있다. 앞의 답은 모두 상인이나 뱃사공의 이익만 고려하고 있다. 그런데 직관의 창의성을 활용해서 그 반대 경우를 생각하면 어떻게 될까. 즉, 손실을 고려한 답을 생각한다면 어떨까.

　상인이나 뱃사공은 양 90마리를 데리고 강을 건널 때 일어날 수 있는 돌발 상황에 대한 대비책을 전혀 갖고 있지 않다. 이에 만일의 사태를 대비해서 양 한 마리를 보험금으로 떼어두고 뱃사공에게 44마리를 주면 어떨까. 구체적인 숫자는 협상에 따라서 달라지겠지만, 두 사람의 손해를 최대한 보상받는 방식으로 거래를 진행하면 이익과 손실 모두 살피는 창의적인 답이 될 수 있다. 또 하나, 아예 보험 회사를 설립해서 보험용 양을 확보한다면? 다른 상인의 양도 얻을 수 있고, 다른 사업까지 확장하는 성과를 거두게 될 것이다. 30마리만 주는 꼼수를 썼을 때는 절대 얻을 수 없었던 획기적인 성과다.

　하지만 이렇게 다양한 창의적인 답을 찾았는데도 처음 생각한 30마리가 가장 창의적이라는 미련을 끝내 못 버릴 수도 있다. 그러나 문제의 조건이 90마리가 아닌 20마리라면 어떨까. 그 경우 30마리를 생각한 3의 배수를 활용한 문제 해결법은 적용할 수 없다. 따라서 숫자만 바꿔도 적용할 수 없는 해결책은 창의성이라기보다는 일시적으로 상황을 피해 가는 꼼수에 가깝다.

　실용적 창의성은 조금 더 큰 틀에서 문제를 바라보는 데서 시작된다. 그때그때 꼼수를 잘 펴는 것은 실용적 창의성이 아닌 약삭빠름에 지나지 않는다.

무엇이 더 실용적인지 생각하라

인터뷰어　　　《타임》지 선정 20세기 가장 중요한 인물 100인 중 한 명이자, 세계 최고 부자, 최고 기부자인 분을 만나 뵙게 되어서 영광입니다.

게 이 츠　　　너무 칭찬해주니 부끄럽네요. 저를 돈만 아는 사람이라고 비난하는 사람도 있거든요. 심지어 어떤 사람은 기부재단을 운영하는 것도 탈세를 위한 것이라며 비난하기도 합니다.

인터뷰어　　　솔직히 저 역시 예전에는 비슷한 생각을 했습니다. 그런데 'TED(전세계에서 가장 뛰어난 영감을 가진 사람들이 자기 이야기를 들려주는 프로그램)'에서 모기로 고생하는 저개발국가에 레이저를 이용해 초당 100마리

이상의 모기를 죽이는 시스템을 본 후 생각을 바꿨지요. 그 회사를 지원한 사람이 회장님이더군요. 그뿐만 아니라 지구촌 물 부족 문제를 해결하기 위해 화장실 개선에 투자하는 모습을 보고 깜짝 놀랐습니다.

게 이 츠 사실 오염된 물을 조금만 줄여도 물 부족 문제를 적잖이 해결할 수 있습니다. 특히 수세식 화장실은 배설물을 하수로 내보내기 위해 많은 물을 낭비하는데, 그 문제를 해결해 위생적인 시스템을 만들려고 노력하고 있습니다. 그것을 두고 어떤 사람들은 선진국을 위한 것이라고 오해하는데 꼭 그런 것만은 아닙니다. 제대로 된 화장실 하나 없어 오염된 물을 마셔야 하는 저개발국 사람들도 충분히 고려했습니다. 이에 비용도 적게 들 뿐만 아니라 배설물을 퇴비나 대체 에너지화해서 배설물이 더는 골칫거리가 아닌 유익한 자원이 되게 하는 시스템을 염두에 두고 있습니다.

인터뷰어 멋진 생각이네요. 하지만 IT업계를 대표하는 분이 모기와 화장실, 심지어 에이즈 예방을 위해 기존 제품보다 만족감이 높은 콘돔을 개발해서 에이즈 예방에 앞장서는 모습은 매우 낯선 게 사실입니다.

게 이 츠 사실 저는 IT 업계에 있을 때나 지금이나 똑같은 방향, 즉 무엇이 현실적으로 더 유용하고 효율적이냐는 생각을 토대로 일하고 있습니다.

인터뷰어 그래서 대학을 중퇴하고 곧바로 창업하신 건가요?

게 이 츠 그런 점도 있지요.

인터뷰어 초등학교 시절 도서관 일화가 매우 인상적이었습니다. "나를 키운 것은 도서관이다"라고 하셔서 책을 놓지 않고 독서만 했다고 생각했는데, 자원봉사로 책 정리를 도와주겠다고 하고는 자기 마음대로 분류한 뒤 도서관 관계자에게 원상복구 조건으로 돈을 요구하셨더군. 그러고 보면 어린 시절부터 경제적 수완이 매우 뛰어났던 것 같습니다.

게 이 츠　　　　저를 둘러싼 악의적인 소문일 뿐입니다. 그것 말고도 윈도우 OS를 팔면서 경쟁사 제품이 제대로 작동하지 않게 하는 프로그램 코드를 몰래 집어넣었다거나, 독점 지위를 유지하기 위해서 정치가와 비밀 협상을 했다는 등 근거 없는 소문이 매우 많습니다. 오죽하면 제 별명이 '실리콘 밸리의 악마'겠습니까?

인터뷰어　　　　그럼, 그게 모두 사실이 아니라는 건가요?

게 이 츠　　　　노코멘트하겠습니다.

인터뷰어　　　　마이크로소프트(MS)를 창업하셨을 때 IBM은 미국 정부가 반독점 소송을 걸 만큼 거대 기업이었습니다. 반면, MS는 IBM의 한 팀만도 못했지요. 그런데 어떻게 해서 단번에 IBM과 계약할 수 있었나요?

게 이 츠　　　　당시 IBM은 기업용 시스템을 만들어서 엄청난 돈을 벌었습니다. 그와 비교해서 개인용 컴퓨터는 신생 사업으로 과학기술 분야 사업가들조차도 일시적 유행으로 그칠 것으로 생각했지요. 저는 그때 컴퓨터에 미친 친구들과 함께 아파트를 빌려서 '재미난 제품을 팔아볼까'라며 놀고 있었어요. 그런데 여러 회사에 자문을 많이 하는 부모님 덕분에 IBM 역시 개인용 컴퓨터 시장의 성장을 예상하고 극비리에 프로젝트를 진행하고 있다는 사실을 알게 되었습니다.

인터뷰어　　　　　돈도 많고, 개발 인력도 넉넉한 회사에서 극비리에 프로젝트를 진행하는데, 전문적인 경력도 인정받지 못한 젊은이들이 어떻게 끼어들 생각을 하신 거죠?

게 이 츠　　　　　저는 '이상'이 아니라 '현실'을 봤습니다. 당시 IBM뿐만 아니라 수많은 회사가 더 빠르고 쉬운 운영체제 및 최고의 하드웨어를 개발해서 시장을 점유하려고 혈안이 되어 있었습니다. 일반인은 아직 컴퓨터가 뭔지도 모를 때였는데 말이죠. 그런 현실을 무시한 채 그들은 자기 생각에만 몰두하고 확신했지요. 그래서 저는 특별하고 독보적인 제품이 아닌 PC의 표준사양을 만들어서 대중을 사로잡겠다는 전략을 세웠습니다. 즉, 대중이라는 현실을 먼저 본 것입니다. 특히 대중은 기업 수보다 훨씬 많기에 IBM이 예측한 성장 속도나 시장 잠재력을 뛰어넘을 것으로 예상했지요. 그래서 하드웨어보다는 표준 운영체제로 승부를 건 것입니다.

인터뷰어　　　　　제가 묻고 싶은 것이 바로 그것입니다. 어떻게 아직 운영체제 개발도 마무리하지 않은 상태에서 IBM과 협상하고, 심지어 그들이 원하는 제품을 납품할 수 있다며 그들을 설득할 수 있었느냐 말입니다.

게 이 츠　　　　　생각해보세요. 과연 IBM이 원한 것이 이름조차 알 수 없는 MS였을까요, 아니면 뛰어난 운영체제였을까요?

인터뷰어　　　　　당연히 운영체제였겠지요.

게 이 츠　　　　그렇습니다. 저는 현실적으로 생각했습니다. 그래서 시간이

걸리는 개발보다는 'QDOS(Quick and Dirty Operating System)' 프로그램

저작권을 사들여서 운영체계에 관한 문제를 쉽게 해결했지요.

인터뷰어　　　　그게 바로 우리가 알고 있는 MS-DOS 아닌가요? 그리고 다

른 회사 운영체계 저작권 역시 구매하셔서 통합하셨고요.

게 이 츠　　　　그래야만 경쟁자가 그만큼 줄어들어 우리 제품의 표준이 더

쉬워질 테니까요. 또한, 대량생산 · 대량공급하려고 했던 IBM의 요구에도 맞

고요.

인터뷰어　　　　그렇게 해서 MS는 경쟁자들을 물리치고 단숨에 업계 최고 운

영체제 회사가 되었지요. 그런데 한 가지 묻고 싶은 게 있습니다. "이미 기술을 갖

고 있다"라는 말은 정확히 말하면 "가질 수 있다"라는 말이었는데, 엄연히 거짓말

아닌가요?

게 이 츠　　　　그때는 경제적인 성공만 생각했습니다. 그래서 좋지 않은 소

리도 많이 들었지요. 하지만 지금은 좀 더 큰 틀에서 현실을 보려고 합니다. 사실

일찍 은퇴한 것도 좀 더 큰 틀에서 창의성을 발휘하고자 하는 생각 때문이었지요.

단순히 돈을 기부하는 것이 아닌 실생활에 도움이 되는 시스템을 만드는 사업에

투자하는 것도 그 계획의 일환이죠.

인터뷰어　　　　현실 인식도 그만큼 성장했다는 말씀이군요.

게 이 츠　　　　중요한 것은 현재가 곧 현실은 아니라는 것입니다. 내일 시험

인데 오늘 놀고 싶으니 '현실적으로 하고 싶은 대로 놀자'는 학생은 현실적인 것이 아니라 현재적인 것입니다. 하루 뒤의 현재에는 괴로운 결과를 얻을 게 뻔한 현실이니까요. 저 역시 사업을 하면서 그랬습니다. 그런 점에서 조금 더 먼 미래, 조금 더 큰 틀에서 미래를 생각하고 도전하는 것이야말로 현실적이라고 생각합니다.

다른 인물, 같은 창의성 __ 로버트 스턴버그

코넬대학 심리학과 로버트 스턴버그 교수는 실용적 창의성을 잘 발휘한 인물로 꼽힌다. 그는 스탠퍼드대학 심리학과 대학원 재학 중 당시 심리 검사 분야 최고 권위자였던 크론바흐Cronbach 교수의 강의를 듣고 지능 검사의 한계를 절감했다. 그는 IQ가 학교 교육의 성공만 예측할 뿐 실생활에서의 성공을 예측하기는 힘들다는 사실에 주목, 현실적 관점에서 타당성 있는 다른 요인을 찾고자 했다. 그 결과, 지능이 다중적 구조로 되어 있으며, 분석적·실용적·창의적 지능으로 나뉜다는 삼원 이론을 제안하기에 이른다.

재미있는 것은 그 자신이 실용적 지능을 발휘하여 IQ가 설명할 수 없는 현실 속 요소를 발견했다는 점이다. 또한, 분석적 지능을 발휘하여 문제를 분석하고, 그것을 기존 연구자의 이론적 개념에 맞게 설명하기보다는 자신의 창의적 지능을 활용해서 자신만의 이론으로 체계화시켰다. 그러니 그의 이론은 삼원 이론의 모든 요소를 거친 셈이다.

중요한 것은 그의 이론이 현실적 타당성을 확보하고 있다는 점이다. 이에 인간의 지적 능력을 보다 광범위하고 포괄적으로 이해할 수 있는 근거를 마련했다는 점에서 학자들뿐만 아니라 대중에게도 큰 호응을 받았다.

그는 복잡한 이론적 검증 절차를 거치기보다는 실생활에서 쉽게 접할 수 있는 대표적 유형의 인물을 예로 들어 사람마다 가진 지능이 다르기에 성공할 수 있는 분야 역시 각각 다르다고 주장한다.

결국, 그는 그런 창의적 공로를 인정받아 미국교육연구협회로부터 최우수상을 받았을 뿐만 아니라《사이언스 다이제스트Science Digest》가 선정한 '미국 젊은 과학자 100명'에 선정되기도 했다.

같은 인물, 다른 창의성 __ 빌 게이츠

빌 게이츠는 직관적 창의성이 매우 뛰어난 것으로 알려져 있다. IBM과의 협상 일화를 통해 알 수 있듯, 그는 상대가 필요로 하는 것을 즉시 알아낼 뿐만 아니라 누구보다도 빠른 실행력을 갖추고 있다. 또한, 한번 실행한 전략이 성공하면 다음에도 똑같은 전략을 구사해 사업을 한층 더 발전시켜 나갔다. 예컨대, 경쟁사인 넷스케이프Netscape의 기술을 빌려 익스플로러를 개발했는가 하면, MS 오피스 점유율을 확대하기 위해 특정기술이 뛰어난 회사의 기술을 통째로 사기도 했다.

그렇다면 그는 왜 그런 선택을 하게 된 것일까.

그는 직관적 창의성의 기본인 '문제 재정의'에 집중했다. 그리고 이를 토대로 소비자가 원하는 것이 'MS 기술팀'인지, '탁월한 서비스'인지를 알아내어 최적 대안을 마련해 그 문제를 해결했는데, 그런 그의 직관적 창의성은 소비자의 현실적인 요구에 매우 부합하는 것이었다.

The Secret of creativity

정신과 감정, 이성과 감성은 필연적인 친화력으로 서로를 끌어당기며,
이것에 의해서만 전혀 다른 것들이 결합할 수 있다.

＿ 요한 볼프강 폰 괴테 Johann Wolfgang von Goethe

이성과 감성이 조화된 최적 대안 찾기

자기 생각과 감정에 관해 열려 있어야 한다.
그래야만 이성과 감성을 쏟아부어 뭔가를 깨우칠 수 있다.

__ 요한 볼프강 폰 괴테 Johann Wolfgang von Goethe

논리만으로
모든 문제를 해결할 순 없다

삶의 문제는 꽤 복잡하다. 그 때문에 논리가 문제 구조를 파악하는 데 적지 않은 도움이 되기는 하지만, 그것만으로는 모든 문제를 해결할 수 없다. 특히 다양한 이익 관계가 걸려 있거나 마음이 저마다 다른 사람들과 관련된 문제를 해결할 때는 더더욱 그렇다.

다음 문제를 보자.

THE CREATIVE IDEAS

캐나다 퀘벡주 하이드로 퀘벡공단(퀘벡 수력공단)은 캐나다 북부에 거대한 수력 발전소를 세울 계획을 세웠다. 그레이트훼일강 계곡에 장장 17마일이나 되는 댐을 건설, 북극까지 이르는 9,100제곱마일의 거대한 호수가 새로 생기는 지상 최대의 프로젝트였다.

그들에 의하면 새로 건설되는 발전소는 장점이 매우 많다. 14개의 원자력·석탄 발전소가 생산할 수 있는 전력량인 14,000MW를 단독으로 생산할 뿐만 아니라 핵 폐물 및 다른 쓰레기를 만들지 않아 공해가 전혀 없고, 향후 10년간 다른 발전소를 짓지 않아도 되기 때문이다. 또한, 남아도는 전력은 미국 뉴욕시 등에 수출까지 할 수 있어 그 판매 수익으로 교육 및 다른 분야 재원으로 사용할 수 있다.

문제는 발전소 건설에 반대하는 사람들이 있다는 것이다. 발전소가 건설될 경우 삶의 터전을 잃는 이누이트 에스키모Inuit Eskimo와 크리 인디언Cree Indian이 바로 그들이다. 그들은 수백 년 전부터 살아왔던 터전을 잃을 수 없다며 발전소 건설에 반대하고 있다.

발전소를 건설하면 수백만 명이 이익을 볼 수 있다. 하지만 이누이트 에스키모와 크리 인디언 750가구의 삶은 뿌리째 흔들리게 된다. 이 문제를 해결하기 위해서 공단에서 당신을 프로젝트 총책임자로 임명했다고 하자. 과연, 당신은 이 문제를 어떻게 해결하겠는가?

가장 쉽게 생각할 수 있는 것은 발전소 건설을 표결로 결정하는 것이다. 법적인 절차에 따라서 엄정하게 진행하면 합리적으로 문제를 해결할 수 있기 때문이다. 그런데 과연 그럴까.

투표로 결정할 경우 그 결과는 뻔하다. 자기 의견이 반영되지 않은 사람들이 더 극렬하게 투쟁할 수 있다. 절차적인 문제도 있다. 또한, 반대하는 사람들에게 투표권을 준다고 해도 공정하지 않다. 그런 점에서 투표는 얼핏 민주적이면서도 효율적인 것처럼 보이지만, 가장 극악한 방법이다. 그래도 어쩔 수 없다고? 그럼, 이렇게 생각해보자. 인구 규모가 다른 우리나라와 일본이 독도에 관한 소유권을 투표로 결정한다고 할 경우, 과연 그것을 민주적이거나 효율적이라고 할 수 있을까?

두 번째로 생각할 수 있는 답은 피해 당사자에게 적절한 보상을 하는 것이다. (그들이 원하건 원하지 않건 간에, 이해하건 이해할 수 없건 간에) 일단 객관적인 평가를 통해 피해 규모를 산정한 후 거기에 웃돈을 얹어서 보상금을 지급하는 것이다. 그렇게 해서 공정한 거래였다는 생각이 들도록 조치하면 된다.

문제는 과연 이 방법이 효과가 있냐는 것이다. 애초에 상업적 가치로 땅을 평가하지 않던 사람들에게 돈을 쥐여 주고, 삶을 바꾸는 피해를 주는 것을 과연 정당하다고 할 수 있을까. 만일 이게 가능하다면, 일본이 한일 수교 정상화 당시 돈을 준 일을 근거로 한국인에 대한 모든 정신적·물질적 보상이 끝났다고 말하는 것 역시 정당화될 수 있다.

적당한 지역에 피해자들을 이주시키고 예전 모습대로 살 수 있도록 지원하며, 보상금을 지급하는 것도 해결책 중 하나다. 하지만 현실을 제대로 고려하지 않은 점이 문제다. 한마디로 일방적인 문제해결책인 셈이다. 과연, 이누이트 에스키모가 살던 땅과 똑같은 땅이 거기 말고 또 어디 있겠는가. 또한, 예전 모습대로 살게 해준다는 핑계로 더 극한 환경의 북극이나 국경 밖으로 내쫓는 것을 과연 적절한 지원이나 보상이라고 할 수 있을까.

지금까지 살펴본 세 가지 해결책은 창의적으로 문제를 해결한다기보다는 자신이 얼마나 관심을 두고 있으며, 어느 정도 도덕적인지 선언하는 것에 지나지 않는다. 따라서 복잡한 문제를 더 꼬이게 하는 위험한 해결책이라고 할 수 있다.

복잡한 문제일수록 그만큼 문제해결이 힘들며, 그것을 해결하기 위해 창의성이 필요하다. 과연, 이 문제를 해결하기 위해서는 어떤 창의성이 필요할까.

앞서 제시한 세 가지 답을 자세히 들여다보면 한 가지 공통된 생각이 들어 있음을 알 수 있다. '어쩔 수 없이' 750가구가 피해를 볼 수밖에 없다는 것이 바로 그것이다. 이성적인 면에서 보면 행복의 총량을 위해 첫 번째 대안을 밀어붙이는 것이 가장 좋은 해결책일 것 같지만, 750가구의 피해와 불행 역시 생각하지 않을 수 없다. 그런 점에서 모두 똑같은 경제적 논리에서 나온 수준만 약간 다른 답이라고 할 수 있다.

많은 사람이 발전소 건설을 찬성하는 이유는 경제적인 이익 때문이다. 하지만 발전소 건설을 순전히 경제적 이익만으로 측정하는 것이 옳을까. 이점부터 살폈어야 한다.

위에서 제시한 해결책들은 발전소 건설이 가져올 환경적인 피해는 전혀 고려하지 않고 있다. 즉, 미래 지향적인 사고가 아닌 과거의 개발 지향적인 낡은 사고로 인해 이익과 손실을 제대로 계산하지 못한 것이다.

발전소가 건설되면 750가구뿐만 아니라 수많은 야생동물과 식물이 삶의 터전을 잃게 된다. 그러니 쓰레기 없는 무공해 발전소라는 말은 허울일 뿐, 실상은 수많은 생명의 목숨과 경제적 이익을 맞바꾸는 셈이다. 또한, 그 많은 동물과 식물의 생명을 다시 복원하려면 발전소 건설로 인해 생기는 경제적 이익보다 훨씬 더 많은 돈을 투자해야 할 수도 있다. 그런 점들을 고려하면 당장 발전소 건설을 백지화하는 것이 옳다. 발전소 건설 목적과 그것을 담당하는 주체가 '공익성'을 띄고 있는 만큼 더더욱 그래야 한다.

그렇다고 해서 모든 사업을 포기해야 하는 것은 아니다. 그 지역 특성에 맞는 사업으로 문제를 해결하면 된다. 예컨대, 파도의 힘을 이용하는 파력 발전소 같은 새로운 사업을 구상할 수도 있고, 다른 지역에 수력 발전소를 건립할 수도 있다. 이렇듯 현실적인 제약을 고려하면서 사업 방향을 고민하면 경제적인 이익인 물론 그 누구에게도 손해를 끼치지 않고 최고의 대안을 찾을 수 있다.

이성과 감성이 조화를 이룬
최적 대안을 찾아라

심리학자이자, 사회과학자, 인지과학자인 허버트 사이먼Herbert Simon과 대니얼 카너만Daniel Kahnemann은 1978년과 2002년 각각 노벨 경제학상을 받았다. 경제학자도 받기 어렵다는 노벨 경제학상을 두 사람이 받을 수 있었던 것은 신고전주의 경제학에 관한 대안을 제시했기 때문이다.

신고전주의 경제학은 몇 가지 기본 가정을 전제로 한다.

첫째, '인간은 (완벽하게) 합리적이다'는 가정이다. 이는 소비자는 자기에게 가장 큰 이익이 되는 대안을 결정한다는 가정에 기초하며, 자유로운 시장이 합리적인 정보를 (완벽하게) 제공한다고 가정, 시장에 다른 요소가 개입하는 것을 적극적으로 반대한다. 자치 잘못하면 비합리적인 결과가 나올 수도 있기 때문이다. 문제는 과연 우리가 자유로운 상태에서 합리적인 결정을 할 수 있냐는 것이다.

신고전주의 경제학에서 가정하듯, 인간이 합리적이라면 언제나 합리적인 선택을 할 것이다. 또한, 처음에 내린 결정이 '정답'이니 새로운 조건이 나오지 않는 이상 결정을 번복할 이유가 없다. 즉, 합리적이라는 말은 어느 상황에서건 불변의 진리를 선택한다는 의미다. 하지만 과연 그럴까. 예컨대, 우리는 강력하게 지지했던 정치인을 몇 달 만에 똑같은 이유로 반대하거나, 아무 생각 없이 물건을 산 뒤 집에 와서는 필요 없는 것을 샀다며 후회하곤 한다. 이는 우리 삶이 신고전주의 경제학의 가정과는 크게 다름을 보여주는 방증이라고 할 수 있다.

왜 이런 현상이 일어나는 것일까. 그것은 바로 우리가 불완전한 합리성을 갖고 있기 때문이다. 이에 사이먼 박사는 불완전한 합리성을 가리켜 '제한된 합리성'이라고 말한 바 있다. 제한된 합리성은 인간의 인지능력의 한계로 인해 생긴다. 실례로, 우리는 방금 친구가 말한 것을 헷갈리거나, 선생님이 시험에 나온다고 강조한 내용을 제대로 기억하지 못하는 경우가 많다.

합리적인 선택을 하려면 최대 성과를 완벽하게 계산해야 하는데, 인간은 신처럼 완벽하지 않기 때문에 정보를 조작한다. 즉, 자신의 인지적 한계 내에서 처리할 수 있는 크기로 정보를 단순화(축소)시킨다. 예컨대, 전화번호를 외울 때 어떤 단어와 연관을 지어 기억하는 것이 바로 그것이다. 그 결과, 모든 정보를 고려한 최적 대안이 아닌 여러 조건의 제약 아래서 적당히 희생할 것은 희생하고 취할 것은 취하는 '대충 때우기(Satisfice, 사이먼 박사가 만든 용어로 희생(Sacrifice)과 만족(Satisfy)의 합성어)'가 가능한 대안을 찾는다. 이를 두고 심리학자인 미국 프린스턴대학 수잔 피스크^{Susan Fiske} 교수와 캘리포니아대학 셸리 테일러^{Shelley Elizabeth Taylor} 교수는 '인지적 구두쇠'라고 표현한 바 있다.

이렇듯 우리는 경제학에서 가정하는 것처럼 합리적 선택을 하는 대신 그때그때 상황에 따라 다른 선택을 한다. 대니얼 카너먼 박사의 휴리스틱(Heuristic, 경험에 기초하여 문제 해결책·학습·발견을 모색하는 기술) 연구처럼 간편하게 추론하듯이 말이다.

행동경제학자인 카네기 멜런대학 조지 로웬스타인^{George Lowenstein} 교수에 의하면, 인간의 심리 상태는 크게 두 가지로 나눌 수 있다. 불안·용기·공포·열망·흥분과 같은 '뜨거운 상태'와 이성·합리성과 같은 '냉정한 상태'가 바로 그것이다.

중요한 것은 이 두 상태에서 우리가 하는 행동이 전혀 다르다는 것이다. 상태에 따라서 감정을 이입하는 정도가 다르기 때문이다. 그러므로 앞서 제시한 퀘벡주 수력 발전소 건설 문제 역시 어떤 한 상태만 가정하고 대안을 만들 경우 반드시 문제가 생긴다. 똑같은 퀘벡 주민, 똑같은 에스키모와 인디언이라고 해도 이성적인 상태냐 감성적인 상태냐에 따라서 전혀 다른 결정을 할 수 있기 때문이다. 따라서 두 요소를 조화롭게 고려한 최적 대안을 찾아야 한다. 하지만 아무리 따져 봐도 적절한 대안이 나오지 않을 수도 있다. 그럴 때는 아예 처음으로 돌아가서 해당 문제를 재정의하는 것이 좋다.

퀘벡 수력공단은 논리적인 사고과정을 거쳐 발전소 건설이 꼭 필요하다는 결론을 내린 후 프로젝트를 진행했다. 이것이 문제였다. 프로젝트

진행 전에 감성적인 부분은 전혀 고려하지 않은 것이다. 그 결과, 에스키모와 인디언, 환경주의자들의 강렬한 반대에 부딪힐 수밖에 없었을 뿐만 아니라 내놓을 수 있는 대안에도 한계가 있었다.

국민의 바람과 달리 정치 논리에 따라 움직이는 정책과 그 후속 조치가 대부분 졸속인 것은 다 그런 이유 때문이다. 반면, 잘된 사업이나 정책은 그것에 영향받는 사람들의 감성적인 측면까지 철저히 고려한다. 예컨대, 애플의 '아이팟'은 처음 만들 때부터 디자인은 물론 콘텐츠까지 크게 신경 쓴 결과, 시장에서 독보적인 성공을 거두었을 뿐만 아니라 메르세데스—벤츠에서 생산하는 차량에 아이팟 인터페이스를 넣는 등 다양한 분야에 응용되고 있다.

프랑스 정부의 공공기관 지방 이전 정책 역시 이성과 감성을 조화시킨 대표적인 성공 사례로 꼽힌다. 프랑스 정부는 지방 이전 정책을 갑작스럽게 선언한 것이 아니다. 정책 당위성이 확인된 후 여유를 갖고 각계 인사를 중심으로 지방이전위원회CITEP를 구성해서 공공기관의 지방 이전에 필요한 구체적인 계획을 세웠고, 이전 기관 직원 및 현지인 모두에게 도움이 되는 정책을 제시하였다.

지금은 개인 중심의 일방주의적인 사고가 아닌 상대를 존중하고, 반대 세력까지 아우를 수 있는 실용적 창의성이 필요하다. 그러자면 일의 추진 과정에서 모든 관계자의 이성과 감성을 함께 고려해야 하며, 창의적인 대안 역시 만들 줄 알아야 한다.

여유를 갖고
천천히 살펴보기

세계적 문호 괴테는《시와 진실》제3부 제14권에서 이성과 감성에 관해 다음과 같이 말한 바 있다.

"본래 가장 긴밀한 결합은 서로 대립하는 것에서 생긴다. 일체를 조화시키는 스피노자Spinoza의 평온은 일체를 동요시키는 나의 노력과 대립했고, 그의 수학적 방법은 나의 시적 사고나 표현 방식과는 정반대였다. 그의 논리 정연한 사고방식이 도덕적인 문제에는 부적절하다고 생각하는 사람도 있었지만, 나는 그런 방식 때문에 그의 열렬한 제자이자 절대적인 숭배자가 되었다. 정신과 감정, 이성과 감성은 필연적인 친화력으로 서로를 끌어당기며, 그 친화력에 의해서만 전혀 다른 것들이 결합할 수 있다."

괴테의 말마따나 이성과 감성은 '대립' 관계라고 할 만큼 본질적으로 그 성격이 다르다. 즉, 성격이 서로 다른 사람이 친해지기 힘들듯 이성과 감성 역시 조화를 이루기 힘들다. 그렇다고 해서 그것이 완전히 불가능한 것은 아니다.

　이성과 감성을 충분히 고려하는 여유를 가지면 충분히 조화를 이룰 수 있다. 그러나 이성적 논리로만 사태를 파악하거나 감성적 느낌으로만 사태를 파악하는 것은 올바른 판단을 가로막는다. 둘 모두를 살피고, 경계에서 공정하게 바라봐야만 올바른 결과를 얻을 수 있다. 이런 경지를 보여주는 시가 있다. 김광규 시인의 〈생각과 사이〉가 바로 그것이다.

　… (중략) …

　노동과 법의 사이

　법과 전쟁의 사이

　전쟁과 공장의 사이

　공장과 농사의 사이

　농사와 관청의 사이

　관청과 학문의 사이를

　생각하는 사람이 없으면 다만

　휴지와

　권력과

　돈과

　착취와

　형무소와

　폐허와

　공해와

농약과

억압과

통계가

남을 뿐이다.

　시인은 생각 그 자체의 완결성보다 생각과 생각 '사이'에 더 주목하고 있다. '사이'를 보려면 그만큼 다른 것을 볼 수 있는 여유가 있어야 한다. 거기서 유연한 사고와 창의성이 나오기 때문이다. 그러므로 어떤 문제를 볼 때 그것에 관해서 알고 있다는 생각에 무조건 달려들기보다는 여유를 갖고 천천히 살필 줄 알아야 한다.

　다음 문제를 통해 그것을 연습해보자.

최근 '보보'가 사회적으로 큰 화제가 되고 있다. '보보'는 유럽연합 과학자들이 유전자 변형으로 만든 넝쿨 식물 이름이다.

김 박사 역시 실험을 위해 한 뿌리를 가져와 비닐하우스에 심었는데, 얼마 후 넝쿨이 급속도로 자라면서 정확히 하루에 두 배씩 꽃이 핀다는 사실을 알게 되었다. 그리고 30일째 되는 날, 비닐하우스 전체가 꽃으로 채워졌다.

김 박사는 꽃의 생장속도 그래프를 그려서 학계에 보고할 계획이다. 그렇다면 꽃이 비닐하우스 절반을 채운 것은 보보를 가져온 날로부터 며칠째 되는 날이었을까?

얼핏, 수학적 계산이 꽤 필요해 보인다. 수열 개념을 배운 사람이라면 등비수열 공식부터 떠올렸을지도 모른다. 하지만 이 문제를 가장 쉽게 푸는 방법은 따로 있다. 바로 여유를 갖고 문제를 지긋이 바라보는 것이다.

문제를 요약하면 '정확히 하루마다 두 배씩 증가하는 속도로 피는' 식물이 '그것을 가져온 날로부터 며칠 만에 하우스 절반을 채웠을까?'이다. 이미 답은 문제 속에 나와 있다. 30일째 되는 날에 하우스가 가득 찼다면 '정확히 하루마다 두 배씩 증가하는 속도로' 식물이 피기 때문에 하루 전날인 29일째가 하우스 절반을 채운 날이다. 그러니 문제를 유심히 살피고 적절한 정보만 추출하면 누구나 쉽게 풀 수 있는 유형의 문제다.

미국 MIT 슬론경영대학원 마르쉐 세이어Marchais Thayer 교수팀의 연구에 의하면, 사람은 문제해결에 필요한 정보를 뽑는 데서부터 오류를 일으키므로 직관을 제대로 활용하지 못한다고 한다. 그 결과, 부적절한 정보를 중심으로 가설을 세울 뿐만 아니라 해결 가능한 대안을 찾는 데 역시 실패한다는 것이다. 실례로, 타이어 교수는 수많은 적절한 정보를 제시해도 대부분 익숙하지 않다거나 자기 생각과 맞지 않는다는 이유로 그것을 무시하는 경향이 강하다는 것을 여러 연구를 통해 밝혀냈다.

미국 예일대학 심리학과 존 바그John Bargh 교수의 실험 역시 주목할 만하다. 사람들에게 아주 짧은 시간 동안 영상을 보여준 후 응답을 유도한 결과, 0.2초 이내에 좋은지 싫은지 판단을 내렸다. 이는 대부분 사람이 중요한 일이건 그렇지 않은 일이건 간에 즉각적으로 결론을 내리는 경향이 강하다는 것을 말해준다. 하지만 판단이 빠르다고 해서 꼭 나쁘다고 할 수는 없다. 상황에 따라서 직관이 생존에 큰 도움이 될 수도 있기 때문이다. 원시인이 숲속에서 낯선 사람과 맞닥뜨렸다고 해보자. 만일 상대방이 매우 위험한 사람이라면 그와 한참 이야기하고 합리적으로 분석한 뒤에 피하기보다 한눈에 보고 피하는 것이 훨씬 더 나은 선택이다. 그러나 수력 발전소를 건립하는 문제나 부동산 개발 문제, 위험 요소가 있는 식품을 수입하는 문제, 대학 선택 문제 등은 빠른 판단보다는 정확한 판단이 필요하다. 따라서 논리적인 판단은 물론 감성적인 부분까지 충분히 고려해야 한다. 나아가 이를 통해 스스로 생각할 여유를 갖을 필요가 있다.

그렇다면 다음 문제는 어떻게 풀어야 할까?

깊이 4m 우물 속에 있는 달팽이가 우물 밖으로 나오려고 한다. 달팽이는 하루에 50cm씩 올라오며, 20cm씩 미끄러진다. 달팽이가 우물 밖으로 나오려면 과연 얼마나 걸릴까?

이 문제 역시 여유를 갖고 살피면 쉽게 풀 수 있다. 하지만 수학적 문제인가 아닌가로 구별해서 풀면 의외로 답을 찾기가 까다로울 수도 있다. 여유를 갖으라는 것은 유연해지기 위해 열린 마음을 가지라는 것이지, 생각의 구별을 명확히 한 후 나머지는 버리라는 말이 아니다. 구체적으로 문제를 풀면서 어떻게 해야 하는지 살펴보자.

달팽이의 움직임을 수식으로 나타내면 '50-20=30'이다. 즉, 하루에 30cm 올라온다. 그러므로 4m, 즉 400cm를 30cm로 나누면 13.33이 되는데, 소수점이 있다는 것은 13일이 넘었다는 것이므로, 달팽이가 우물 밖까지 완전히 나온 날은 14일이라고 하면 된다. 하지만 여기에 문제의 함정이 있다. 13일째 50cm를 올라왔을 때는 이미 우물 밖으로 나왔으므로 미끄러질 이유가 없다. 그러므로 정답은 13일이다. 이 답에 이르는 과정을 크게 나눠보면 수학적 계산이 필요한 과정이 있고, 직관을 발휘해서 답을 교정해야 하는 부분이 있다. 만일 여유를 갖지 못하고 어떤 한 부분을 고집했거나 답을 찾았다고 해서 서둘러 생각을 멈췄다면 정확한 답을 찾지 못했을 것이다.

이성과 감성을 조화시켜라

인터뷰어　　　선생님이 쓰신 《이탈리아 기행》을 읽고 큰 감동을 받았습니다. 그래서 이탈리아 여행을 할 때 그 생각을 좇고자 부단히 노력하기도 했죠.

괴　　테　　　내게도 이탈리아 기행은 매우 값진 경험이었습니다. 하지만 37살 생일을 축하하기 위해 모인 사람들을 뒤로한 채 새벽 세 시에 칼스바트를 몰래 빠져나올 때만 해도 내가 무엇을 얻게 될지 알 수 없었습니다. 하긴 그때 나는 모든 것이 안개에 둘러싸인 듯 불확실하고 답답하기만 했으니까요. 그러니 미래에 대한 희망이나 기대 같은 것이 있을리 없었겠죠. 가능한 한 어서 빨리 그 상황에서 벗어나고만 싶었습니다. 그렇게 떠난 여정이 장장 1년 9개월이나 될 것이라고는 전혀 생각하지 못했습니다. 다행히 내 인생에 있어서 여름날 더위를 식히는 시원한 바람처럼 매우 특별한 시간이 되었죠.

인터뷰어 　　　　아닌 게 아니라 정말 놀랐습니다. 당시 선생님께서는 《젊은 베르테르의 슬픔》으로 전 유럽에 이름을 떨친 성공한 문학가이자 유능한 관료로 인정받지 않으셨습니까? 더구나 과학과 법학을 비롯한 다양한 분야의 천재로 통하셨지요. 그런데도 그렇게 허탈해하셨다니, 정말 의외입니다.

괴　　테 　　　　당시 나는 이성과 감성을 조화롭게 사용하는 법을 잘 몰랐다습니다. 감성적으로 글을 쓰고, 이성적 논리로 행정을 책임졌을 뿐이죠. 그런 나를 가리켜 사람들은 천재라며 침이 마를 정도로 칭찬했지만, 정작 나 자신은 시간이 지날수록 둘로 쪼개지는 기분이었습니다. 이성과 감성, 그 어느 것에도 만족하지 못하는 퍽퍽한 삶을 살고 있었으니까요.

인터뷰어 　　　　요즘 말로 영락없는 루저loser셨네요. 그러셨던 분이 성공한 행정가나 문학가를 뛰어넘어 역사적으로 불멸의 명성을 갖게 된 힘은 과연 어디에서 나온 것일까요?

괴　　테 　　　　이탈리아 여행을 통해 얻은 교훈 때문이 아닐까 싶습니다. 이탈리아를 여행하면서 나는 아무것도 모르는 갓난아이가 세상에 나와 저절로 숨 쉬는 것처럼 자연스럽게 세상을 받아들이고, 내 생각을 이야기하며, 다른 사람의 생각 역시 받아들이는 법을 깨닫게 되었죠. 그렇게 해서 눈으로만 세상을 보고, 머리로만 판단하는 것에서 완전하게 벗어날 수 있었습니다. 모든 이성과 감성을 다 쏟아부어 세상과 소통하는 법을 알게 되자, 시가 떠오르고, 소설이 찾아오고, 그림을 그릴 수 있게 되었습니다. 예전과는 전혀 다른 차원으로 말입니다.

인터뷰어　　　　그래서 로마에 도착한 날을 '제2의 탄생일'이자 '진정한 삶이 다시 시작된 날'이라고 책에 쓰신 것인가요? 저 역시 그런 일이 있었으면 좋겠는데, 어떻게 하면 될까요?

괴　　테　　　　열린 마음을 가져야 합니다. 또한, 자기 생각과 감정에 관해서도 열려 있어야 하고요. 그래야만 이성과 감성을 쏟아부어 뭔가를 깨우칠 수 있습니다. 예컨대, 나는 로마를 볼 때 단순히 변해가는 로마 모습을 확인하거나 관광객처럼 감탄만 한 게 아닙니다. 시가지 풍경은 기본이고, 마차가 지나가면서 일으키는 먼지와 구름의 변화까지도 자세히 관찰했습니다. 또한, 사람들과 이야기하면서 옛 로마의 모습을 머릿속으로 그리고, 변하지 않은 채 내려온 구조적인 부분은 논리적으로 추적하며, 앞으로 일어날 변화에 대해서도 생각을 정리하면서, 내가 느끼는 감정이 무엇인지 모두 정리했습니다. 그게 혼잣말이건, 대화건, 글이건, 그림이건 간에 말이죠. 그 결과물이 바로 《이탈리아 기행》입니다.

인터뷰어　　　　그저 훌륭한 작품으로만 생각했는데, 이성과 감성을 조화시키는 훈련을 할 수 있는 하나의 워크북이었군요. 꼭 다시 한번 살펴보도록 하겠습니다.

괴　　테　　　　《파우스트》도 다시 한번 읽어 보길 바랍니다. 이성과 감성의 조화에 관해서 한층 더 깊이 고민할 수 있을 것입니다.

인터뷰어　　　《파우스트》는 고전이라는 이유만으로 읽지 않는 사람이 많습니다. 특히 고전 중에는 2천 년 전 철학자의 책도 있는데, 많은 사람이 현재 상황 및 세계관과 맞지 않는다고 생각해서 멀리하곤 하죠.

괴　　테　　　그렇게 생각하는 사람들에게 내가 쓴 시 한 구절을 들려주고 싶군요.

"수천 년 역사 속에서 교훈을 바로 찾지 못하는 자는 암흑 속에 그냥 있어라. 그날그날 살아가는 바보처럼…"

다른 인물, 같은 창의성 _ 장 자크 루소

'프랑스 혁명의 아버지'로 불리는 장 자크 루소Jean—Jacques Rousseau는 대표적인 계몽사상가다.

계몽 철학자들에 의하면, 인간은 기본적으로 이성을 갖고 있으며, 교육과 계몽을 통해 이를 깨우쳐 전체 사회의 진보를 이룰 수 있다고 한다. 논리와 이성 중심의 철학을 전개한 것이다. 그런데 루소는 여느 계몽주의자들과는 다른 방법을 사용하였다.

그는 계몽주의 특유의 딱딱한 논리와 이성이 아닌 감성에 호소했다. 그래서인지 그의 글은 다른 철학서들과 달리 비교적 읽기가 쉽다. 그의《인간 불평등 기원론》의 한 구절을 보자.

"어떤 토지에 울타리를 두르고 '이것은 내 땅이다'라고 선언할 생각을 가졌고, 다른 사람들이 그를 믿을 만큼 단순하다는 사실을 발견한 최초의 사람은 시민 사회의 진정한 창립자다. 한편으로 그 울타리를 없애면서 '그런 사기꾼 말은 믿지 마시오. 이 땅에서 나는 모든 곡식과 과일은 만인의 것이며, 대지는 누구의 소유물도 아니라는 사실을 잊으면 여러분은 신세를 망치게 됩니다'라며 동포들을 향해 외치는 자가 있다면 그 사람은 얼마나 많은 범죄와 전쟁과 살인으로부터 그리고 얼마나 많은 참상과 공포로부터 인류를 구제해줬을 것인가?"

같은 인물, 다른 창의성 __요한 볼프강 폰 괴테

괴테는 41살에 프리즘으로 실험을 하다가 재미있는 현상을 발견했다. 흰 벽은 여전히 그대로였지만, 검은색 그림이 그려진 흰 벽을 봤을 때는 흰색과 검은색 경계에 노랑과 파랑, 빨강이 함께 나타난 것이다. 다른 사람이라면 무시했을 법한 이 현상을 통해 그는 꽤 유의미한 패턴을 발견했다. 그것은 기존에 뉴턴이 주장했던 색과 빛의 이론으로도 도저히 설명할 수 없었다. 이에 끊임없는 실험을 통해 모든 색은 빛과 어둠의 경계에서 만들어진다는 새로운 이론을 제시하고, 연구결과를 모아《색채론》이라는 책으로 출간하기도 했다.

그는 뉴턴이 하지 못한 일을 해냈다는 사실에 큰 자부심을 느꼈지만, 과학적 근거가 부족하다는 이유로 받아들여지지 않는 현실에 절망했다. 하지만 자신이 관찰한 바에 따라 기존의 상식을 버리고 상황을 재정의한 직관적 창의성만은 높이 평가할 만하다.

천재성은 유년기로의 귀환이다.

__ 아르투르 랭보Arthur Rimbaud

모순 인정하기

단언컨대, 영원한 약자나 강자, 천재는 없다. 그런 점에서 우리가 사는 현실이야말로
합리적인 예측이 맞아떨어지지 않는 모순덩어리라고 할 수 있다.

__ 라이먼 프랭크 바움Lyman Frank Baum

강점이 아닌
약점으로 지름길 공략하기

지금까지 창의적 문제해결 원리로써 용기 · 협력 · 발견 · 직관 · 논리 · 실용 · 조화에 관해 살펴보았다. 마지막 원리는 좀 당황스러울 수 있다. 지금까지 말한 것들과 충돌할 수 있기 때문이다.

다음 문제를 보자.

THE CREATIVE IDEAS

미국 캔자스주 한 농장에 귀여운 소녀가 살고 있었다. 어느 날 소녀는 강아지 토토와 함께 회오리바람에 휘말려 낯선 곳으로 날아가고 만다. 그곳은 빨강 · 노랑 · 파랑 · 보라 · 초록 다섯 개의 나라로 이루어진 신기한 왕국으로 온갖 마법을 부리는 마법사와 마녀들로 넘쳐났다. 소녀는 꿈에서나 봤을 법한 풍경에 잠시 넋을 잃었지만, 곧 고향을 그리워하며 눈물을 흘렸다. 과연, 어떻게 하면 소녀는 집으로 무사히 돌아갈 수 있을까?

지금까지 배운 대로 주변 사물을 잘 관찰하고, 직관을 잘 활용하고, 다른 사람과 잘 협력하고, 실용적으로 생각하고, 논리적으로 생각하고, 감성과 이성을 잘 조화시키고, 자기를 믿고 용기를 내어 적극적으로 대처하라고 조언할 수 있다. 물론 그렇게 해서 소녀가 집으로 돌아가는 법을 찾을 수도 있지만, 다른 문제해결 방법도 있다.

사실 거기에는 창의적인 문제해결에 있어서 매우 중요한 요소 두 개가 빠져 있다. 그것은 이미 우리가 알고 있는 것이기도 하다. 하지만 그것을 창의성과 연관 지어 생각해본 적이 거의 없기에 무척 생소하게 느껴질 수도 있다.

이미 눈치챘겠지만, 앞서 제시한 문제는 미국 작가 라이먼 프랭크 바움Lyman Frank Baum 의《오즈의 마법사The Wizard Of Oz》시리즈다. 소녀 이름은 도로시. 착한 마녀로부터 집으로 돌아가는 유일한 방법은 위대한 마법사 오즈를 찾아가서 부탁하는 것밖에 없다는 사실을 전해 들은 도로시는 오즈가 사는 에메랄드를 향해 길을 떠난다. 창의성의 중요 요소인 '도움 구하기 행동'이 최고 대안임을 직관적으로 깨달았기 때문이다.

그렇게 해서 길을 떠난 도로시는 생각할 수 있는 뇌를 갖고 싶은 허수아비와 사랑을 느낄 수 있는 마음을 갖고 싶은 양철 나무꾼, 용기를 얻고 싶은 겁쟁이 사자를 만나고, 그들로 인해 논리적 사고와 실용적 사고, 이성과 감성의 조화가 얼마나 중요한지 깨닫게 된다. 물론 도로시의 목적은 창의성 훈련이 절대 아니었다. 보이는 것이라고는 온통 회색빛뿐인 캔자스주 농장으로 돌아가는 것이었을 뿐.

주목할 점은 《오즈의 마법사》에는 하나같이 주인공 도로시에게 도움이 되기보다는 짐이 되는 캐릭터들이 등장한다는 점이다. 그런데도 도로시는 그들을 무시하지 않고 함께 고난을 겪으며 문제를 해결해나간다. 제아무리 열심히 계산해서 행동하더라도 그렇게 효과적으로 문제를 해결할 수 없을 정도로 말이다. 그리고 마침내 그렇게도 원하던 집으로 돌아가는 데 성공한다. 허수아비와 양철 나무꾼, 사자 역시 원하던 목적을 이룬다. 과연, 어떻게 그런 일이 가능했을까.

주변 사물을 잘 관찰하고, 직관을 잘 활용하고, 다른 사람과 잘 협력하고, 실용적으로 생각하고, 논리적으로 생각하고, 감성과 이성을 잘 조화시키고, 자기를 믿고 용기를 내어 적극적으로 대처해서 얻은 결과다. 그러나 그것만 갖고는 도저히 설명되지 않는다. 거기에는 문제를 해결하는 최적 대안을 찾는 창의성의 또 다른 원리가 숨어 있기 때문이다.

여기서 무려 14권이나 되는 《오즈의 마법사》 시리즈 속 도로시의 창의성을 분석할 생각은 없다. 사실 2권에서는 아예 도로시가 나오지도 않는다. 도로시의 창의성을 얘기하자면 제1권만으로도 충분하다.

마법사를 만나기 위해 길을 떠난 도로시 일행은 절벽을 뛰어넘고, 졸음이 오는 꽃밭을 지나고, 무서운 짐승의 공격을 받는 등 끊임없이 자신들을 괴롭히는 약점과 마주한다. 그리고 그때마다 겁을 먹고 당황하지만, 곧 그것을 극복하고 문제를 해결한다. 각자의 소원을 이루어줄 오즈의 마법사를 만나겠다는 명확한 목표가 세부적인 문제해결 과정에서 생기는 모든 어려움을 극복하게 한 것이다. 그러고 보면 허수아비는 그 과정에서 이미 지혜를, 양철 나무꾼은 사랑을, 사자는 용기를 얻었다. 즉, 오즈의 마법사를 만나지 않고도 소원을 이룬 것이다. 멀게만 보였던 꿈이 자신과의 치열한 싸움 끝에 약점을 극복해내자 현실이 된 셈이다. 만일 그들이 약점을 극복할 생각을 하지 않았다면 어떻게 되었을까. 그렇게 빨리 효율적으로 소원을 이루지는 못했을 것이다.

약점을 감추기보다는 그것에 맞서 치열하게 싸울 때 놀라운 창의적 성과가 나온다. 그것은 창의성 하면 떠오르는 예술가들 역시 마찬가지였다.

현대 환상 문학의 대가 호르헤 루이스 보르헤스^{Jorge Luis Borges}는 책을 너무 많이 읽어서 실명한 것으로 알려져 있다. 하지만 그의 아버지 역시 눈이 좋지 않았던 점을 고려하면 유전적 원인이 아닌가 하는 의문이 드는 것도 사실이다. 하지만 그 이유야 어떻든 작가가 실명했다는 것은 외부와 소통하는 데 있어 매우 큰 장애임이 분명하다. 더구나 도움받을 수 있는 자원이 지금보다 턱없이 부족했던 20세기 초·중반이라면 더욱 문제가 심각하다. 하지만 그는 사물의 본질을 꿰뚫는 관찰력과 놀라운 상상력으로 20세기 문학과 현대 철학에 큰 영향을 끼쳤다.

1899년 아르헨티나에서 태어난 그는 스페인어와 영어를 자유자재로 구사하며 10살 때 이미 영국 작가 오스카 와일드^{Oscar Wilde}의 《행복한 왕자》를 스페인어로 번역하며 문학적 재능을 인정받았고, 여러 잡지에 당시 사회상과 문예사조에 대한 자기 생각을 펼치는 등 활발한 문학 활동을 벌여나갔다. 특히 〈책에 대한 책 쓰기〉, 〈상호텍스트성〉이라는 새로운 형식의 단편소설은 아직도 많은 독자를 소름 끼치게 할 정도다. 우리가 일반적으로 알고 있는 지식과 실제 경험, 상상을 교묘하게 결합해서 환상적 리얼리즘이라는 마법 세계를 선보였기 때문이다. 그래서 그의 소설집《끝없이 두 갈래로 갈라지는 길들이 있는 정원》,《픽션들》,《알렙》 등을 읽다 보면 처음에는 매우 낯설지만, 독특한 지적 재미를 느끼는 것은 물론 깊은 감동에 빠지게 된다.

그는 그 어떤 작가보다도 많은 작품을 남겼다. 하지만 그가 실명이라는 장애에만 머물러 있었다면 그런 수준 높은 작품들을 남기진 못했을 것이다. 그는 자기 눈을 앗아간 신을 원망하긴 했지만, 절대 포기하지 않았다. 오히려 더 치열하게 고민하고, 글을 쓰고, 강연을 했다. 그 결과, 누구도 따라올 수 없는 창의적인 업적을 이루었다. '하이퍼텍스트'라는 인터넷 글쓰기 방식 역시 그가 소설에서 처음 시도한 상호텍스트 개념에서 유래한 것을 고려하면 그의 창의성이 가히 어느 정도인지 미루어 짐작할 수 있다.

모순까지도 껴안는
창의성의 힘

'느슨함' 역시 창의성을 완성하는 요소 중 하나다. 이 말에 고개를 갸우뚱할 사람이 적지 않을 것이다. 분명 조금 전까지만 해도 창의성을 완성하려면 치열해야 한다고 했기 때문이다. 창의성이 아무리 유연한 것이라지만 모순되는 것은 이치에 맞지 않는다는 생각을 할 법도 하다. 하지만 그런 모순까지도 껴안는 것이 바로 창의성이다.

《오즈의 마법사》이야기로 다시 돌아가 보자. 우여곡절 끝에 오즈 마법사가 있는 에메랄드에 도착한 도로시와 친구들은 마법사에게 소원을 이루어 달라고 부탁하지만, 마법사는 서쪽 나라의 나쁜 마녀를 없애기 전에는 소원을 절대 들어줄 수 없다고 한다. 그렇게 믿었던 마법사로부터 그런 말을 들었으니 당황할 수밖에. 하지만 도로시는 불평하기보다는 마법사의 소원을 먼저 들어주기로 하고 서쪽 나라를 향해 다시 길을 떠나 갖은 위험을 이겨낸 끝에 마녀를 없애는 데 성공한다. 그러나 약속의 땅인 줄로만 알았던 에메랄드는 배신의 땅이었다. 소원을 이룰 수 있게 되었다는 기쁨에 가득 차서 에메랄드로 돌아온 도로시 일행은 오즈에게서 뜻밖의 말을 듣게 된다. 위대한 마법사 오즈는 가짜며, 사실은 평범한 사람이라는.

그 결과, 도로시 일행은 깊은 실망에 빠진다. 그 모습을 본 오즈는 나름대로 꾀를 내어 허수아비에게 왕겨로 만든 뇌를, 양철 나무꾼에게 비단으로 만든 심장을, 사자에게 용기를 주는 약을 마시게 한다. 사실 오즈는 뛰어난 관찰력을 통해 그들이 이미 소원을 이루었음을 알고 있었다. 하지만 어떤 증표가 필요함을 직관적으로 깨닫고 나름대로 창의적인 해결책을 내놓은 것이었다. 그렇게 해서 허수아비와 양철 나무꾼, 사자는 자신들의 소원이 이루어졌음을 알고 몹시 기뻐한다.

문제는 도로시였다. 허수아비와 양철 나무꾼, 사자에게 쓴 방법이 통할 리 없었기 때문이다. 도로시를 고향으로 돌아갈 수 있게 하는 진짜 해결책이 필요했다. 깊은 고민 끝에 오즈는 커다란 풍선 기구를 만들어 함께 고향으로 돌아가기로 한다. 도로시는 그 말을 듣고 깡충깡충 뛰며 좋아했지만, 한번 배신자는 또다시 배신할 수 있는 법. 비록 고의는 아니었지만, 오즈는 혼자 풍선을 타고 날아가고 만다. 그 결과, 오즈를 대신해서 허수아비가 에메랄드 왕이 되었고, 양철 나무꾼은 서쪽 나라의 나쁜 마녀 대신 윙키의 나라를 다스렸으며, 겁쟁이 사자는 동물의 왕이 되어 숲을 다스리게 되었다. 그러는 동안에도 도로시는 고향을 그리워하며 눈물을 멈추지 않았다.

답은 의외의 곳에서 나왔다. 착한 마녀 글린다의 도움으로 마침내 헨리 아저씨와 엠 아주머니가 있는 캔자스 농장으로 무사히 돌아갈 수 있었기 때문이다. 그렇게 해서 도로시는 최초의 문제해결책이라고 생각했던 오즈가 아닌 착한 마녀 글린다의 도움으로 무사히 고향에 돌아갈 수 있었다.

그렇다면 아예 처음부터 글린다에게 매달리는 게 좋지 않았을까? 라는 의문이 든다. 그런 점에서 도로시의 처음 선택은 잘못된 도움 구하기 행동이었다. 물론 도로시에게도 왜 그런 선택을 했는지 할 말이 있을 것이다. 집으로 돌아가는 유일한 방법은 위대한 마법사 오즈를 찾아가서 부탁하는 것이라고 말해준 사람이 바로 글린다였기 때문이다. 낯선 땅에서 자신을 도와준 사람 말을 따르지 않을 사람이 과연 몇이나 될까. 그렇게 볼 때 이 이야기의 진짜 배신자는 오즈가 아닌 글린다인 셈이다. 물론 그렇게 하지 않은 것은 이야기를 더 재미있게 만들려는 작가의 의도일 것이다. 하지만 그보다는 다른 의미에서 이 이야기를 재해석하고 싶다.

글린다가 유일한 방법이라고 했던 오즈의 도움은 유일한 것이 아니었다는 점에서 틀린 말이다. 오즈에게 그럴 능력이 없었다는 점에서도 마찬가지다. 그런데도 도로시의 문제는 말끔히 해결되었다. 과연, 무엇이 그렇게 만들었을까.

치열함뿐만 아니라 그 뒤에 '우연'이 스며들 시간적인 틈이 있었기 때문이다. 물론 치열하게 고민하고 노력해서 문제를 해결하는 창의적인 답을 얻을 수도 있다. 하지만 실제 생활에서는 아주 우연히 창의적으로 문제가 해결되기도 한다. 창의적인 문제해결은 유일한 답이 아닌 효율적인 답을 찾는 것이기 때문이다. 따라서 빈틈없고 치열한 계획이 아닌 느슨하고 엉성할 때 기적처럼 우연히 문제가 해결되기도 한다. 아르키메데스Archimedes가 왕의 금관이 순금으로 되어있는지 알아낼 방법을 찾기 위해 수많은 고민 끝에 휴식을 위해 들어간 목욕탕에서 우연히 답을 찾은 것처럼 말이다.

세렌디피티,
우연한 발견은 없다

창의성 관련 책을 보면 절대 빠지지 않는 단어가 있다. 바로 'Serendipity'로 '우연히 발견하는 능력' 또는 '뜻밖의 발견', '우연' 등으로 해석하지만, 정확한 표현은 아니다. 이에 조셉 자보르스키Joseph Jaworski은 아예 스위스 분석심리학자 칼 융Carl Gustav Jun의 개념을 가져와서 '살다 보면 누구나 그야말로 절묘하게 맞아떨어진다고 생각되는 두 개 이상의 사건 혹은 순간들'을 뜻하는 '동시성Synchronicity'이라는 용어로 바꿔서 설명하기도 한다. 하지만 그 역시 원래 단어가 갖는 뜻에 딱 맞아떨어지는 정확한 표현은 아니다. 다음 사례를 살펴보면 그 이유를 알 수 있다.

독일 물리학자 베르너 하이젠베르크Werner Heisenberg는 근대과학의 기초 개념을 바꾼 '불확정성 원리Uncertainty Principle'로 유명하다. 두 개의 관측가능량Observable을 동시에 측정할 때 관측한 두 개의 값 사이에는 물리적으로 한계가 존재한다는 생각은 뉴턴의 고전 물리학에 바탕을 둔 결정론적

과학관과 기계론적 세계관을 뒤엎는 실로 놀라운 통찰이었다. 그 결과, 고전 물리학으로는 도저히 설명할 수 없는 현상들에 관해서 새롭게 접근하는 양자역학이 탄생하게 되었다. 그런데 이렇게 과학 역사상 놀라운 발견이 사실은 꽃가루 알레르기에 걸려 섬에서 요양하는 동안 얻은 아주 우연한 단서에서 출발했다면?

비슷한 사례는 또 있다. 심리학과 관련된 실험으로 알려진 '파블로프의 개' 역시 원래는 생리실험이었다. 원래 생리학자였던 파블로프Ivan Petrovich Pavlov 박사는 개의 소화과정을 연구하던 중 우연히 종과 음식물, 개가 흘리는 침에 상관관계가 있음을 발견하고 '조건—반응의 원리'를 생각해냈다.

합성고무를 발견한 미국 화학자 찰스 굿이어Charles Goodyear 박사 역시 아주 우연한 계기로 인해 놀라운 업적을 이루었다. 19세기 중엽까지 생고무의 결점을 보완하려는 사람은 많았지만, 그 성과는 미비하기 그지없었다. 굿이어 박사 역시 마찬가지였다. 그렇게 별 소득 없이 10년을 매달리던 어느 날, 냄비에 유황을 녹이던 중 실수로 그만 그것을 생고무 위에 떨어뜨렸는데, 그 순간 아주 놀라운 일이 일어났다. 생고무가 탄력성이 매우 뛰어난 물질로 변화한 것이다. 그렇게도 원했던 합성고무를 만드는 데 성공한 순간이었다.

위 사례들을 보면 단순한 '우연' 이상의 뭔가가 있음을 알 수 있다. 일단, 수많은 노력이 있었다. 결과론적으로 문제를 해결하는 올바른 방법이 아니었음에도 말이다. 마치 도로시가 처음부터 착한 마녀에게 부탁한 것이 아니라 오즈 마법사를 찾아 먼 길을 떠난 뒤 수많은 우여곡절을 겪어야 했던 것처럼. 그것이 다가 아니었다. 한계에 부딪혀서 정점에 이르렀을 때 '뜻밖의 발견'과 '뜻밖의 성과'가 '우연'처럼 다가왔다. 이것은 그냥 로또 복권에 '운 좋게' 당첨되는 것과는 분명 다른 것이다. 그런 점에서 'Serendipity'를 단순히 '뜻밖의 횡재'로 해석하는 것은 원래 의미를 제대로 살리지 못하는 것이다.

사실 'Serendipity'는 영국 작가 호레이스 월폴Horace Walpole이 《세렌디프의 세 왕자들The Three Princess of Serendip》이라는 동화에서 영감을 얻어 만든 말이다. 참고로 '세렌디프'는 원래 아라비아말로 지금의 스리랑카 지역을 말한다.

아주 오래전 옛날 세렌디프 왕국에 지아페르Giaffer라는 왕이 있었다. 왕에게는 세 명의 왕자가 있었는데, 왕은 권력뿐만 아니라 왕에게 필요한 덕목 모두를 왕자들에게 물려주고 싶었다. 그래서 나라에서 가장 뛰어난 현자들에게 왕자들의 교육을 맡겼고, 왕자들은 훌륭하게 후계자 교육을 받았다. 하지만 어느 날, 현자들이 왕에게 말하기를, 왕자 중에는 국왕 자리를 물려줄 만한 사람이 없다며, 교육의 마지막 과정으로 여행을 보낼 것을 추천했다. 실망한 왕은 곧장 왕자들을 여행길에 오르게 한다. 그러나 곧 낙타 도둑으로 몰려 사형 선고를 받게 된다. 다행히 처형되기 직전 누명을 벗고 페르시아 황제의 극진한 대접까지 받은 그들은 다시 여행길에 올라 우여곡절을 겪으면서 살아 있는 지식을 배우고, 귀국길에 다시 페르시아 황제를 찾아가서 그의 병을 고쳐준다.

매우 고전적인 이야기지만, 여기에는 의도하지 않은 순간 문제해결의 핵심이 되는 소중한 지혜를 발견하는 장면이 자주 나온다. 예를 들면, 도난당한 낙타를 한 번도 보지 않았음에도 길 양옆에 난 풀 모양이 서로 다른 것을 보고 낙타의 눈이 먼 것과 이빨이 빠지고 다리를 저는 것을 추측하는 것처럼. 언뜻 보면 '발견'의 창의성과 별반 차이가 없는 듯하지만, 이 이야기는 'Serendipity', 즉 '준비된 우연'을 강조하고 있다.

세 왕자는 눈앞에 닥친 고난을 피하는 대신 용기와 직관으로 그것에 맞섰고, 결국 멋진 결과를 이루었다. 하이델베르크나 굿이어 박사, 아르키메데스 역시 마찬가지다. 한계에 도달할 때까지 최선을 다한 결과, 누구나 부러워하는 위대한 업적을 이루었다. 결국, 'Serendipity'는 '이미 준비된 것을 새롭게 발견하는 능력'인 셈이다.

'Serendipity'는 그저 막연한 운이 아니다. 이에 대해 그 자신이 그것에 의해서 놀라운 발견을 한 파스퇴르 이렇게 말한 바 있다.

"Dans les champs de l'observation, le hasard ne favorise que les esprits prepares." (관찰 분야에서 운은 오로지 준비된 사람 편이다.)

'Serendipity'는 신비로운 현상이기는 하지만, 아주 드문 기적과 같은 것은 아니다. 엄연히 역사적으로 수없이 반복된 창의성과 관련된 원리이기 때문이다. '뜻있는 자'들만이 '뜻밖의 결과'를 얻었음을 수많은 사례가 입증하고 있다. 미국 물리학자 조지프 헨리[Joseph Henry]는 이와 관련해서 다음과 같이 말한 바 있다.

"The seeds of great discoveries are constantly floating around us but they only take root in minds well prepared to receive them."

(위대한 발견의 씨앗은 항상 우리 주변에 있다. 그러나 그것은 그것을 받으려고 준비하는 마음에만 뿌리를 내린다.)

창의적인 사람일수록 발견의 씨앗을 평가하는 데 있어 더 많은 기준을 갖고 있으며 그만큼 더 유연하다. 그만큼 치열하게 지식을 쌓고 경험했기 때문이다. 그저 발견의 씨앗을 보겠다는 결심만으로는 절대 씨앗을 얻을 수 없다. 예컨대, 어느 날 신이 하늘에서 위대한 씨앗을 비처럼 뿌린다면 어떤 사람이 더 많은 씨앗을 갖게 될까. 다양한 경험과 수많은 고민을 통해 외부의 것을 받아들일 준비가 된 사람일수록 더 많은 씨앗을 갖게 될 것이 틀림없다. 물론 치열하게 노력하지 않은 사람 눈에는 그것 역시 운으로밖에 보이지 않겠지만.

'뜻있는 자'들만이
'뜻밖의 결과'를 얻는다

페르시아 황제 발람은 어느 날 델리란마라는 여인을 보고 첫눈에 반하고 말았다. 그녀의 춤사위나 옷매무새는 매우 매혹적이었고, 류트(16세기 유럽에서 유행했던 현악기)를 연주하는 모습은 매우 아름다웠다. 그녀에게 푹 빠진 황제는 나랏일은 젖혀둔 채 매일 연회와 사냥으로 세월을 보냈다.

어느 날, 사냥을 나간 황제는 자신의 사냥 실력을 자랑하고 싶어 델리란마를 향해 이렇게 물었다.

"내가 저기 보이는 사슴의 어느 부분을 맞추기를 원하느냐? 말해보아라."

그녀는 사슴의 뒷발과 한쪽 귀를 동시에 맞춰보라고 했다. 황제는 잠시 생각하는가 싶더니 사슴이 풀을 먹으려고 목을 숙인 순간, 활을 쏘아 뒷발과 귀를 정확히 맞췄다. 그러나 의기양양한 황제 앞에서 델리란마는 다시 이렇게 말했다.

"그 정도는 누구나 다 할 수 있습니다."

한마디로 황제를 모욕한 것이다. 법도대로라면 큰 벌을 내려야 마땅했지만, 자신이 사랑하는 여인에게 벌을 내릴 순 없는 일. 황제는 큰 고민에 빠졌다. 하지만 곧 결단을 내렸다.

"당장 그녀의 옷을 벗긴 뒤 맹수들이 잡아먹도록 숲 한가운데에 매달아라."

그러고는 뒤도 돌아보지 않고 궁전으로 돌아왔다. 하지만 곧 그것을 후회했고, 숲에 홀로 남겨진 그녀 생각에 안절부절못했다.

잠시 후, 더는 참을 수 없었던 황제는 신하들에게 그녀의 시체만이라도 거둬오라고 명령했다. 그런데 숲에 다녀온 신하가 뜻밖의 소식을 전했다.

"시체는커녕 옷가지 하나 남아 있지 않았습니다."

맹수들이 그녀를 뼛조각까지 먹어 치운 것으로 생각한 황제는 크게 슬퍼했다. 그리고 자신의 잘못을 탓하며 그녀를 그리워한 나머지 결국 병이 들고 말았다. 그때 여행을 마친 세렌디프의 세 왕자가 고향으로 돌아가던 중 잠시 궁전에 들르게 되었다.

황제는 침대에서 일어나지도 못한 채 왕자들을 맞이하며 간곡히 부탁했다.

"현명한 왕자들이여, 그대들의 지혜로 내 병을 고칠 치료법을 찾아주게."

과연, 세 왕자는 어떤 치료법을 내놓았을까. 또, 만일 당신이 세 왕자라면 과연 어떤 창의적인 처방을 내리겠는가.

미국 드라마 〈CSI〉처럼 우선 숲으로 가서 철저한 현장 검증부터 하는 것은 어떨까. 그렇게 해서 잡동사니에서 보물을 발견하는 '발견'의 창의성을 사용할 수도 있다. 그 후 '직관'을 이용해서 문제를 정의하고 논리적인 절차에 따라 문제를 해결하면 된다. 하지만 세 왕자는 그 방법을 사용하지 않았다. 그들은 황제의 이야기를 듣자마자 그 자리에서 즉시 처방을 내렸다.

세 왕자는 황제의 병은 슬픔 때문에 생긴 것이니 행복한 일이 생기면 반드시 마음이 풀릴 것으로 생각했다. 이에 첫째 왕자는 황제에게 다음과 같은 처방을 제시하였다.

"일곱 채의 궁전을 지어 저마다 다른 색으로 칠하십시오. 그 후 일주일씩 돌아가면서 각 궁전에 머물면 됩니다."

대충 아무거나 찔러보듯 엉뚱해 보이는 처방이 아닐 수 없다. 아무리 좋게 해석해도 그저 우울할 때 기분 전환용으로 인테리어를 바꿔보라는 평범한 조언에 불과하기 때문이다. 그런데 그 처방은 둘째 왕자의 처방으로 더 구체화된다.

"큰 세력을 가진 일곱 나라 왕의 딸을 이곳으로 불러들이십시오. 그리고 그녀들을 일곱 채의 궁전에 한 명씩 머물게 한 후 매일 번갈아 가면서 지내십시오."

이 역시 여자 문제는 여자로 해결하라는 매우 단순한 처방으로 그다지 새로울 게 없었다. 그렇다면 주목할 것은 셋째 왕자의 처방이다.

"일곱 도시에서 으뜸가는 이야기꾼들을 불러들이십시오. 그들을 한 사람씩 일곱 채의 궁전에 살게 하고 매일 그들에게 돌아가면서 이야기를 하라고 하십시오."

이렇게 해서 서로 다른 세 가지 처방이 나왔다. 과연, 그 후 어떤 일이 일어났을까. 앞으로 이야기가 어떻게 전개될지 어느 정도 눈치를 챈 사람이라면 Serendipity에 대한 감각을 어느 정도 갖추고 있다고 할 수 있다. 즉, 우연에 의한 성과가 어떻게 될지에 관한 훌륭한 직관과 믿음을 갖고 있으며, 그만큼 창의성 원리를 이해하고 있는 셈이다. 아직 눈치를 채지 못했다고 해도 너무 실망할 것은 없다. Serendipity를 직접 실행하는 사람 역시 그것이 현실화될 때까지는 절대 눈치채지 못하기 때문이다.

아르키메데스는 Serendipity로 인해 놀라운 발견을 했지만, 일부러 계산해서 Serendipity를 일으키려고 목욕탕에 간 것은 아니다. 그러나 Serendipity에 대한 열린 마음을 갖고 있었다. 이것이 중요하다. 그러니 이제부터라도 Serendipity에 대한 비합리적 · 비논리적 · 비과학적이라는 생각은 버리고 엄연한 창의성 원리 중 하나로 그것을 유연하게 받아들이길 바란다.

왕자들의 제의를 받아들이고 얼마 지나지 않아 놀라운 일이 일어났다. '류트를 타는 여인 이야기'가 황제에게 전해진 것이다. 길을 잃고 숲속을 헤매는 한 여인이 류트로 마음을 달래며 살고 있다는 것이었다. 혹시나 하는 마음에 황제는 그녀를 급히 데려오라고 명령했는데, 그녀는 바로 자신이 그렇게도 그리워하던 델리란마였다. 그렇게 해서 황제는 그녀를 다시 궁전으로 불러들였고, 병 역시 말끔히 나았다.

왕자들이 내놓은 처방에 감탄한 황제는 왕자들에게 어떻게 그런 치료법을 생각해냈냐고 물었다.

첫째 왕자는 병이 장소 때문에 생긴 것으로 생각했다며 이렇게 말했다.

"병이 나으려면 지금까지 해온 생활과 반대로 생활하면 됩니다. 황제께서는 지금 계신 궁전에서 병에 걸리셨습니다. 그래서 다른 궁전으로 옮기시면 된다고 생각했습니다."

둘째 왕자는 병의 원인을 헤어진 여인 때문이라고 생각했다고 했다.

"황제께서 새로운 여인들과 즐겁게 지내다 보면 헤어진 여인을 잊고 병이 나을 것으로 생각했습니다."

마지막으로, 셋째 왕자는 이렇게 말했다.

"숲속에 시체가 남아 있지 않았다면 분명 누군가의 도움을 받아 목숨을 건졌다는 것 아니겠습니까? 이야기꾼들은 여기저기서 일어나는 일을 많이 알고 있을 테니 그들 중 누군가는 그 여인의 소식을 알 만한 단서를 갖고 있을 것으로 생각했습니다."

세 왕자 모두 황제의 병은 슬픔 때문에 생긴 것이니 행복한 일을 만들면 마음이 풀릴 것으로 생각한 것은 똑같았다. 하지만 처방은 제각각으로, 하나의 문제에 정답이 여러 개인 창의성 문제와도 같다. 세 왕자의 처방 모두 다 답이 될 수 있다. 분명 델리란마를 다시 찾는 것이 가장 중요했지만, 만일 그녀가 실제로 죽었다고 해도 첫째 왕자와 둘째 왕자의 처방으로 황제의 병이 충분히 호전될 수 있었을 것이다. 그런 점에서 첫째 왕자와 둘째 왕자의 답은 나름대로 최적의 답인 셈이다.

하지만 셋째 왕자의 답은 다르다. 그 이유는 황제의 능력으로 지을 수 있는 궁전이나 황제의 능력으로 모을 수 있는 여인이 아니라 황제의 능력 밖에 있는 우연에 더 많이 기대고 있기 때문이다. 즉, Serendipity에 더 열려 있는 답인 셈이다. 이야기꾼의 이야기 수집 능력과 델리란마의 상황이 이야기화 되어서 세상에 떠돌아다닐 가능성 등 정확히 계산할 수 없는 불확실한 여러 가지 요소가 맞아 떨어지기를 기대하고 내놓은 답이기 때문이다. 그런 점에서 볼 때 첫째 왕자와 둘째 왕자가 내놓은 답이 훨씬 더 명확하고 인정하기 쉽다. 하지만 창의적인 것과는 거리가 멀다. 반면, 셋째 왕자의 답은 우연히 맞아 떨어질 확률이 낮기에 다소 위험성이 없진 않지만, 그만큼 확률이 낮기에 성공할 경우 성과 역시 높다는 점에서 매우 창의적이다. 또한, 두 왕자의 답을 밀쳐내지 않았다는 점 역시 주목할 만하다. 그는 궁전을 짓지 말라고 하거나, 여인들을 들이지 말고 오직 자신의 문제해결 방법만 쓰라고 하지 않았다. 자기 생각과 다른 여러 답이 결합해서 낼 수 있는 Serendipity까지 열어놓은 것이다.

오직 자기 답만이 창의적이라고 강요하려는 사람들이 적지 않다. 하지만 위 이야기를 잘 보라. 인테리어나 바꾸는 것 같은 답, 실연의 상처는 다시 연애로 해결하라는 식의 단순한 답이 창의적 성과를 낼 수 있었던 것은 그 답을 내놓은 사람이 다른 사람의 답 역시 존중했기 때문이다. 첫째 왕자가 내놓은 답 위에 둘째 왕자가 자신의 답을 더 정교화해서 더했고, 그것을 더 정교화해서 셋째 왕자가 답을 내놓았다. 그런 점에서 창의적 답의 기본은 평범함에 있다. 하지만 그것이 창의성으로 연결되려면 다른 사람의 답 역시 인정하는 열린 마음이 있어야 한다. 이를 다시 정리하면, 자기 답과 다른 사람의 답이 내놓는 Serendipity를 인정하고 그것을 더 극대화하기 위해서 애초에 자기 답을 내놓을 때 그것을 조정할 줄 아는 마음이라고 할 수 있다.

사실 Serendipity는 매우 복잡하다. 첫째 왕자의 답에 둘째 왕자가 자기 생각을 적당히 끼워 넣고, 거기에 셋째 왕자가 자기 답을 끼워 넣은 것이나, 황제가 세 가지 처방을 들은 후 어느 하나만 택하지 않고 모두 실행한 것처럼 말이다. 또한, 여러 가지 상황이 모두 맞아떨어져야 한다. 그래야만 놀라운 성과를 얻을 수 있기 때문이다. 놀라운 성과를 만든 과정에는 거의 모든 것이 관여한다. 그 때문에 완전히 열려 있어야만 창의적인 결과를 만들 수 있다. 만일 평범해 보이는 것까지 창의성과 연결되어 있다면 셋째 왕자뿐만 아니라 세 왕자와 황제, 이야기꾼, 델리란마, 일곱 공주와 신하 모두 Serendipity가 있는 창의적인 답을 내놓았을 것이다.

창의성은 독창성이 핵심이며, 세상에 없는 멋진 결과물을 내놓는 것이다. 하지만 그 과정을 들여다보면 유일, 독단과 같이 홀로 이루어진 것은 단 하나도 없다. 그런 점에서 매우 모순적이고 이해하기가 힘든 반면, 재미있다. 모순을 즐겨야 하기에 항상 위태위태하고 힘들지만 이해하기 힘든 수학 문제를 억지로 공부하는 것과는 확실히 다른 기쁨을 주기 때문이다. 그 기쁨을 가장 극적으로 느끼게 하는 것이 바로 Serendipity다.

<u>모　순</u>　　　　　세렌디피티,
　　　　　　　　　성공 확률 높이기

① Serendipity를 믿어라

날 수 있다는 믿음이 비행기와 우주선을 만들었듯, 무엇이건 할 수 있다는 믿음이 중요하다. 아무리 기술이 발달하고, 여건이 갖춰졌더라도 믿음이 없으면 그 무엇도 받아들일 수 없고, 내 것으로 만들 수도, 발전시킬 수도 없다. 그러니 우선은 Serendipity를 믿어야 한다.

② 예상하지 않은 일이 일어났을 때 좀 더 여유로워져라

한참 일을 해야 하는데 감기에 걸렸다며 짜증을 내는 것과 어쩔 수 없다며 마음 편하게 쉬러 가는 것 중 무엇이 Serendipity를 얻을 가능성이 더 높을까. 앞서 말한 하이젠베르크의 사례를 생각하면 도움이 될 것이다.

③ 권태 속에서는 창의성의 꽃이 피어날 수 없다

세렌디프 왕국 세 왕자에게 여행이 없었다면, 그들 스승의 말마따나 누구도 훌륭한 왕이 될 수 없었을 것이다. 우리 인생 역시 마찬가지다. 인생을 모험으로 생각하고, 가능한 한 활기찬 생활을 하기 위해 노력해야 한다. 아무것도 하지 않는데, 어떻게 무슨 일이 생기겠는가. 권태 속에서는 창의성의 꽃이 절대 피어날 수 없음을 알아야 한다.

④ 유머를 적극적으로 활용하라

유머 속에는 상황에 대한 반전·모순·역설 등이 녹아 있다. 즉, 유머에는 상황을 새롭게 바라보게 하는 새로운 요소가 숨어 있다. Serendipity 역시 마찬가지다. 따라서 유머를 적극적으로 활용하여 Serendipity에 대한 감각을 길러야 한다. 창의적인 사람 중에는 유머 감각이 뛰어난 사람이 많다. 유머 감각을 기르다 보면 '하하'가 '아하'가 될 날이 곧 올 것이다.

⑤ 주 목적 외에 다른 가능성도 함께 생각하라

비아그라는 원래 협심증 치료를 위해 만들었지만, 발기부전에도 효과가 뛰어난 것으로 밝혀졌다. 코카콜라 역시 처음에는 음료수가 아닌 신경안정제로 약국에서 팔았다.

무엇을 만들면, 그리고 무엇을 만들었다면 그 목적 외에도 다른 상황, 다른 사람, 다른 곳에도 응용할 수 있는 방법을 생각하라. 비록 Serendipity와 거리가 먼 계산적 행동이긴 하지만, 자연스럽게 몸에 익히면 Serendipity가 찾아왔을 때 바로 받아들일 확률 역시 높아진다. 다시 강조하지만, Serendipity는 저절로 찾아오는 것이 아닌 준비된 사람에게만 찾아온다.

자기 창의성만
고집하지 않기

　　　　　　　　Serendipity가 갖는 진정한 의의는 자기 창의성만 절대 고집하지 말라는 것이다. 창의적인 능력을 이미 가진 사람이라도 위대한 업적을 이루기 위해서는 우연히 진입할 틈, 즉 '여유'를 갖는 것이 필요하다. 신비로운 힘에 의해 저절로 창의성이 결실을 보는 것은 아니기 때문이다.

　프랑스 출신 천재 시인 랭보는 주옥같은 작품을 남겼다. 그의 예술적 창의성이 최고조에 이른 것은 15살부터 20살까지로 그때 쓴 작품을 보면 매서울 정도로 아름답다. 그러나 이십 대를 넘어서며 방황한다. 16살에 세 번이나 했던 가출과는 비교도 되지 않는 것이었다. 키프로스 섬에서 채석장 감독을 맡기도 했고, 파리 곡마단에서 통역을 담당하기도 했으며, 심지어 네덜란드 식민지 군대의 용병으로 입대하기도 했다. 비록 베를렌과의 사랑 문제 등 복잡한 이유가 없진 않았지만, 우리가 아는 천재 시인의 모습과는 꽤 거리가 멀다. 그런 방황 끝에 다시 시를 썼다면 훨씬 더 많은 불멸의 작품을 남겼을지도 모른다. 하지만 그는 결국 문학을 포기했고, 죽을 때까지 북유럽·서유럽·자바·아라비아 등을 유랑하거나 이집트·에티오피아 등에서 무역업에 종사하며 자신의 예술적 창의성을 철저히 무시하는 삶을 살았다. 관절염으로 고생하다가 다시 프랑스로 돌아와 마르세유에서 37살에 죽을 때까지 그는 그 나이의 절반 정도의 나이일 때 썼던 작품에서 보인 지혜와 감성과는 거리가 먼 삶을 살았다.

다른 사람이 보기에 매우 치열하게 사는 것 같다고 해서 반드시 자신의 한계와 부딪히는 치열한 싸움을 하는 것은 아니다. 자신의 재능을 회피하려 고생하는 것은 절대 치열하다고 볼 수 없기 때문이다. 또한, 그런 상황에서는 Serendipity가 절대 스며들지 않는다.

그런 점에서 랭보는 한때 창의적 천재였지만, 실패자가 되고 말았다. 그런 사람이 "천재성은 유년기로의 귀환이다"라는 말을 남겼으니 모순이 아닐 수 없다. 그러나 그 말은 모순이면서도 창의성에 관한 정확한 통찰이기도 하다. 여러 모순을 껴안고 있는 유년기로 복귀하는 것이야말로 창의적인 천재들이 즐겨 하는 일이기 때문이다. 비록 그 말을 한 당사자는 너무도 어린 나이에 조숙한 나머지 비록 그것을 실행하지 못했지만.

창의성 자체가 모순덩어리이기도 하다. 자기 생각에 대한 신념을 갖고 용기를 내야 하지만, 상황에 따라서는 유연하게 생각을 변화할 줄도 알아야 하기 때문이다. 즉, 자기 신념과 자기 부정이 자유자재로 움직여야 한다. 그렇지 않고 자기 창의성에 대한 신념만 고집할 경우 추종자마저 비판자로 돌아설 수 있다.

자신감과
자기 부정 조화하기

설치 미술가 데미언 허스트Damien Hirst는 파격적인 작품으로 유명하다. 특히 그의 조각 작품 〈신의 사랑을 위해〉는 실제 사람의 해골로 만들어졌을 뿐만 아니라 8,610개의 다이아몬드가 박혀있다. 그는 그 해골을 영국 런던에서 구매했는데, 그와 관련해서 다음과 같이 얘기한 바 있다.

"이 두개골은 죽음에도 아랑곳하지 않고 값비싼 다이아몬드와 함께 웃고 있다. … (중략) … 내가 이 작품을 통해 사람들에게 보여주려는 것은 삶이란 이만큼 높은 보증금을 요구한다는 것이다."

나름대로 철학적 의미가 있으면서도 파격적인 기획임이 틀림없다. 그 때문에 많은 사람이 그의 작품을 보면 처음에는 큰 충격을 받지만, 곧 창의적이라고 말하곤 한다. 그러나 화랑을 열대지방 나비들로 가득 채우거나, 포름알데히드로 가득 찬 유리상자 안에 타이거 상어나 양을 넣는 것, 잘린 소의 머리를 향해 파리가 날아가다가 전기 충격을 받고 죽는 모습을 보여

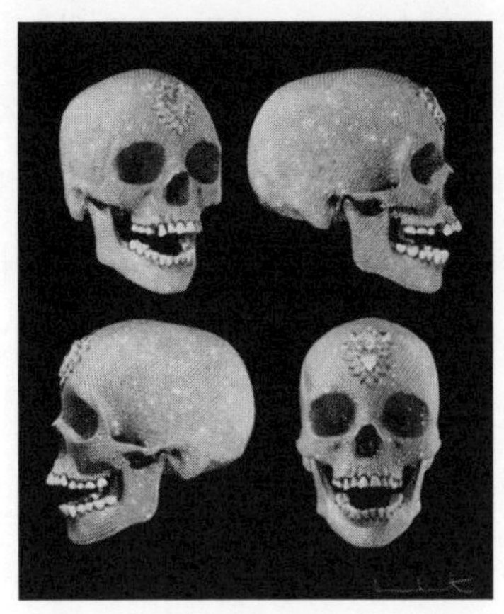

신의 사랑을 위하여(For the Love of God) 2007 출처- © Damien Hirst and Science Ltd.

주는 작품 등을 보면 반응이 크게 엇갈린다. 삶과 죽음의 의미를 창의적으로 다루면서 프랜시스 베이컨의 예술 철학을 제대로 드러내고 있다는 것과 자신만의 표현방식에 갇혀 더는 새로운 것을 드러내지 못하고 있다는 것이 바로 그것이다. 즉, 자기 창의성에 대한 신념이 강해서 좋다는 것과 자기 부정을 통해 새로움을 찾지 못할 정도로 창의성이 없어서 싫다는 것이다. 심지어 어떤 비평가는 "허스트가 창의적인 예술가처럼 보이기 위해 계속해서 작품을 내놓지만, 치열하지도 않고 오로지 기술에 치우쳐 있다"며 "이는 분명 예술에 대한 사기"라고 그를 비판하기도 했다.

어떤 식으로 창의성을 발휘하고 싶은가. 그것이 무엇이건 간에 어느 하나만 갖는 순간, 이미 창의성에서 그만큼 멀어진 것이다. 자기를 부정한 랭보가 되거나, 자기를 지키는 허스트가 되거나, 둘 다 사회적으로 좋은 평가를 받기는 힘들다. 창의성은 서로 모순되는 것을 껴안는 데서 나오기 때문이다. 즉, 둘 다 가져가야 한다. 그러므로 어떤 것에서부터 시작하기보다는 계속해서 둘을 스위칭하고 있어야 한다. 그렇지 않으면 무엇이 되었건 결국 그 끝이 좋지 않기 마련이다.《장자》에 나오는 '화살 잡는 원숭이' 우화처럼 말이다.

《장자》〈잡편〉 제24권 서무귀에 '화살 잡는 원숭이' 이야기가 나온다.

오왕(嗚王)이 배를 타고 강을 건너 원숭이가 많은 산에 오를 때였다. 많은 원숭이가 놀라서 숲속 깊이 숨었지만, 단 한 마리만은 예외였다. 그 원숭이는 나무 위를 이리저리 뛰어다니며, 마치 왕을 약 올리는 듯했다. 왕이 그 모습을 보고 활을 쏘았지만, 원숭이는 민첩하게 화살을 움켜잡았다. 그러자 화가 난 왕이 신하들에게 일제히 활을 쏘게 했는데, 원숭이는 그중 하나의 화살을 손으로 잡은 채 죽었다.

자기 재주만 믿다가 죽은 원숭이 이야기는 교만의 위험과 겸손의 교훈을 함께 전하고 있다. 하지만 그 의미를 창의성 측면에서 보면 좀 다른 해석이 가능하다. 자기 신념이 넘쳐 죽은 것도 문제지만, 그다지 위험하지 않은데도 자기 능력을 부정해서 깊은 숲속에 숨는 것도 문제다. 그것 역시 화살을 쥐고 죽는 것만큼이나 비참하기 이를 데 없기 때문이다. 적당히 스릴을 즐기기 위해 위험을 무릅쓰고 새로운 것을 시도하되, 결정적인 순간에는 삼갈 줄도 알아야 한다.

성공한 위인들을 보면 새로운 것을 이룰 수 있다는 자신감과 자기 능력이 부족한 것에 관한 깨달음, 즉 자기 부정이 조화를 이루고 있음을 알 수 있다. 그 결과, 더 많은 발전을 통해 창의적인 위대한 업적을 이룰 수 있었다. 자기 부정 없이 어떻게 새로운 자신을 만들며, 자기 신념 없이 어떻게 용기를 내어 새로운 일을 시작할 수 있겠는가. 자기 부정과 자기 신념의 절묘한 경계에서 자신의 한계를 치열하게 넓혀 나가야만 좋은 성과를 얻을 수 있음을 명심해야 한다.

모순을 인정하고 즐기기

프랑스 명품 〈루이뷔통〉 수석 디자이너를 지낸 마크 제이콥스^{Marc Jacobs}는 모순을 매우 즐긴 것으로 유명하다.

그는 봄 패션쇼에서 섹시함을 보여주는가 하면, 가을 패션쇼에서는 순수함을 보여주며 거침과 부드러움, 전통과 파격, 소박함과 화려함을 절묘하게 구사할 줄 알았다. 그러면서도 정작 그 자신은 청바지에 면티 한 장의 수수한 옷차림을 즐겼다.

그와 관련해서 그는 이렇게 말한 바 있다.

"사람들은 내가 입는 옷이 아니라, 내가 만든 옷을 보려고 온다."

그는 자기 옷에 대한 평가는 물론 자신에 관한 평가 역시 싫어하지 않는다. 그가 정말 싫어하는 것은 대중의 철저한 무관심이다. 그런 점에서 그는 모순되거나 반대되는 것 역시 과감하게 인정하며, 이를 통해 창의성을 발휘하고 있다. 하지만 위험 요소가 전혀 없는 것은 아니다. 모순을 인정하고 받아들임으로써 일탈을 경험하기도 하기 때문이다. 예컨대, 그는 알

코올 중독으로 입원하거나 마약 소지 혐의로 경찰서에 붙잡히기도 했다.

그가 좌절한 천재가 되지 않으려면 결코 모순에 휘둘려선 안 된다. 모순을 즐겨야 한다. 그래야만 그가 하는 파격적인 일이 '창의적인 듯 보이려는 사기'가 아닌 창의적인 행동으로 보일 수 있다.

창의적인 사람 중 기행을 즐기거나 사회적인 문제를 일으키는 사람이 적지 않다. 중요한 것은 대부분 그렇게 해서 창의성을 잃는다는 것이다. 창의성을 지키려면 모순의 칼날 위에서 계속 춤을 출 줄 알아야 한다. 멈추는 순간 사정없이 온몸이 베일 수도 있기 때문이다.

창의성은 한번 도달하면 끝나는 고원이 절대 아니다. 그것은 계속 움직이는 구름과도 같다. 따라서 계속해서 움직이지 않으면 결국 추락하게 된다.

창의성을 계속 지키려면 창의성에 대한 자신감과 함께 환경이 주는 기회를 활용할 줄 아는 열린 마음을 가져야 한다. 이에 마음에 들지 않는 사람과도 협력할 줄 알아야 하고, 논리적이면서도 감성적이어야 하며, 절절하게 이상을 좇으면서도 실용적이어야 하며, 꾸준한 관찰을 통해 새로운 의미를 찾을 줄도 알아야 한다. 나아가 끊임없는 의심을 통해 자기만의 독특함 역시 찾아야 한다.

모순 속에 답이 있다

인터뷰어   전세계 많은 사람이 어린 시절 읽은 책 중《오즈의 마법사》를 첫손에 꼽곤 합니다. 저 역시 마찬가지고요. 그런데 알려진 바에 의하면, 속편을 매우 쓰기 싫어하셨다고 하던데, 사실인가요?

바   움   모순적이긴 합니다만, 사실입니다. 작품이 성공해서 기쁘면서도 한편으로는 너무 큰 변화에 당황스러웠거든요.

인터뷰어   그러다가 어린이들의 끈질긴 요청을 받고 후속편을 쓰기로 하신 건가요?

바   움   물론 그 영향도 있지만, 제가 쓰지도 않은 가짜 후속편들이 떠돌아다니는 것을 보고 참을 수가 없었습니다. 그래서 후속편을 쓰기 시작했는데, 1편과는 완전히 달라야 한다고 생각했습니다.

인터뷰어　　　그래서 주인공 도로시도 아예 등장시키지 않은 것이군요?

바　　움　　　그렇습니다. 그런데 사람들은 그게 아니었나 봐요. 이게 무슨 후속편이냐고 난리가 났으니까요. 나는 뭔가 불일치한 것, 모순되는 것에서 더 큰 재미를 느꼈는데 말이죠. 할 수 없이 3편부터는 도로시를 다시 등장시켜야 했습니다.

인터뷰어　　　시리즈를 14편까지 쓰셨는데, 언제나 각 편이 마지막인 것처럼 결말을 맺는 게 매우 인상적이었습니다. 그 때문에 시리즈인데도 각 이야기가 독립적이죠. 그런 것을 보면 확실히 모순되는 상황을 즐기신 것 같습니다. 그런 성향이 창의성에도 영향을 준 것 같은데, 어떻게 해서 그런 성향이 생겼나요?

바　　움　　　일부러 계산해서 모순적이 되는 사람이 과연 얼마나 있을까요? 상황이 저를 그렇게 만들었습니다. 제가 태어난 뉴욕은 다양한 나라 출신의 이민자들로 넘치며 많은 사건이 일어났지요. 그러니 아이가 자라기에는 절대 좋은 환경이 아니었습니다. 그 때문에 당시에는 그런 곳에서 살아야 한다는 게 불만이기도 했지만, 돌이켜보면 그것이 오히려 도움이 된 것 같습니다. 상황이 나쁠수록 좋은 것을 생각하거나 다른 것을 생각하고 시도해볼 수 있었으니까요.

인터뷰어　　　일찌감치 삶의 지혜를 터득하신 거네요.

바　　움　　　더 나은 삶을 위해 여러 가지 일을 하다 보니 저절로 그런 지혜가 생기더군요. 사실 육군사관학교에 다닐 때까지만 해도 저는 심리적으로 매우 불안정한 삶을 살았습니다. 그래서 방랑도 꽤 했지요. 만일 더 일찍 그런 지혜를 터득했다면 방랑 같은 것은 하지 않았을지도 모릅니다. 학교에서 배운 것과 그때까지의 경험과 지혜를 바탕삼아 어딘가에 정착했겠지요.

인터뷰어　　　그렇다면 선생님 역시 여행을 통해 지혜를 완전히 자신의 것으로 만드셨나 보네요?

바　움　　　남들은 여행이라고 하지만, 제겐 삶 그 자체였습니다. 사우스다코타에서부터 시카고까지 꽤 많은 지역을 옮겨 다니며, 양계장 일을 비롯해 신문기자, 잡지사 편집장 등 매우 다양한 일을 경험했지요.

인터뷰어　　　그렇게 많은 직업을 거치셨다니, 정말 놀랍네요.

바　움　　　모두가 우연히 그렇게 된 것입니다. 정신이 제대로 박혔다면 잡지사 편집장이 되기 위해서 양계장 일로 경력을 쌓지는 않을 테니까요.

인터뷰어　　　하지만 그것 역시 매 순간 치열하게 매달리셨기에 가능했겠지요. 그런 성품이 나중에 작품을 쓰실 때도 매 권 시리즈를 종결하듯이 쓰시는 데 큰 도움이 되었고요.

바　움　　　그렇게 말해주니 고맙긴 하지만, 사실 매 시리즈를 쓸 때마다 너무 귀찮은 나머지 언제든 그만두고 싶은 마음에 그렇게 쓴 것도 있습니다, 하하하.

인터뷰어　　　참, 어떻게 해서《오즈의 마법사》가 탄생하게 되었나요?

바　　움　　　　　결혼 후 네 명의 아이를 낳았는데, 아이들에게 제가 직접 지은 이야기를 들려주곤 했습니다. 그런데 하루는 장모가 그 이야기가 매우 재미있다며, 아예 책으로 출간하는 게 어떻겠냐고 묻더군요. 아이들도 워낙 재미있게 들은 이야기라, 뭐 안 될 게 있나 싶어 저 역시 동의했습니다. 그것이 바로 《오즈의 마법사》입니다.

인터뷰어　　　　　'오즈'라는 이름이 매우 독특한데 어떻게 만든 이름인가요? 혹시 어떤 신화에서 따왔거나, 특별한 의미가 있는 것은 아닌가요?

바　　움　　　　　일일이 자료를 찾아서 어떤 것이 좋을지 합리성을 따져 글을 쓰는 것은 제 스타일이 아닙니다. 당시 제가 쓰던 서류용 선반 첫 칸은 알파벳 A부터 N까지였고, 두 번째 칸은 O부터 Z였습니다. 그것을 보고 'OZ'가 상상의 나라 이름으로는 적격이라고 생각했을 뿐입니다. 다시 말해, 저는 뭔가를 열심히 연구하고 따져서 하는 모범생 스타일이라기보다는 우연히 눈에 들어온 것을 놓치지 않고 받아들이는 괴짜 스타일에 가깝습니다.

인터뷰어　　　　　오즈라는 이름도 'Serendipity'로 지으신 거군요. 그렇게 해서 14권까지 매우 독창적인 200여 개의 캐릭터를 만드셨고요. 혹시 그중에서 가장 애착이 가는 캐릭터가 있다면 뭔가요?

바　　움　　　　　아무래도 주인공 도로시 아닐까요. 비록 여리고 순진하지만, 당차고 용감해서 어떤 어려움도 헤쳐나가면서 점점 성장해 가죠. 여러 면에서 모순되는 캐릭터지긴 하지만, 그래서 오히려 더 많은 성과를 거둘 수 있었지요.

인터뷰어　　　　　선생님의 자아 정체성이 가장 많이 들어간 캐릭터여서 더 애착이 가는 건 아닌가 싶습니다. 비록 선생님은 남성이고, 도로시는 소녀지만 말입니다. 그러고 보면 선생님 작품에는 여느 동화와 달리 마녀와 공주 등 강한 여성 주인공이 많습니다. 생각건대, 그것이 전통적인 여성상과 모순되면서 더 큰 감동을 주는 게 아닐까 싶습니다.

바　　움　　　　　평론가 중에는 제가 페미니스트여서 그렇다는 사람도 있지만, 엄밀히 말해서 그건 사실이 아닙니다. 다만, 우리 삶의 모순을 이야기 속에 담으려고 했을 뿐입니다. 단언컨대, 영원한 약자나 강자, 천재는 없습니다. 실례로, 약한 사람이 분명 한 방에 나가서 떨어질 것 같은 상황을 만났는데도 용기를 내서 더 강한 사람이 되거나, 천재처럼 보이던 사람이 바보 같은 행동을 해서 실패하기도 하죠. 그런 점에서 우리가 사는 현실이야말로 합리적인 예측이 맞아떨어지지 않는 모순덩어리라고 할 수 있습니다.

인터뷰어　　　　　그런 지혜를 터득한 선생님께서도 직접 설립한 영화사가 도산하는 등 무척 힘든 시간을 보내셨지요?

바　　움　　　　　그러니 세상은 모순덩어리죠. 삶의 원리를 다 안다고 해서 반드시 성공하는 게 아니니까요.

인터뷰어　　　　　결국, 현실적인 어려움을 피하고자 할리우드에 '오즈의 작은 집'을 지은 후 평생을 그곳에서 지내며, 다시는 현실과 환상을 절묘하게 어우르는 경지에 이르지 못했습니다. 랭보 같은 창의적 천재들이 갑자기 사그라진 것처럼 말이죠.

바　　움　　그러니 영원한 강자나 성공은 없다는 것입니다. 굳이 내 실패 원인을 분석하자면, 나 자신을 너무 믿었다는 것입니다. 내가 쓴 책으로 만든 뮤지컬과 영화가 성공하자 갑자기 욕심이 생기더군요. 내가 직접 하면 더 크게 성공할 것 같은 착각 말입니다. 처음부터 Serendipity로 성공한 것이었는데, 그게 모두 내 능력인 줄 알았으니 착각도 그런 착각이 없었습니다. 정말 모순되는 말이지만, 사람은 성공 과정보다는 실패 후에 더 많은 교훈을 얻는 것 같습니다.

인터뷰어　　사실 선생님을 만나 뵙기 전에 각 분야의 위인을 여러 명 만났습니다. 그분들의 성공 비결도 좋았지만, 그것과 비교하면서 '나는 왜 그렇게 하지 못했나'라는 반성을 통해 더 많은 교훈을 얻을 수 있었습니다.

바　　움　　그래요? 참 좋은 일이군요. 하지만 실패에 너무 연연하지 마세요. 실패 역시 충분히 교훈을 줄 테니까요.

다른 인물, 같은 창의성 __ 조셉 자보르스키

조셉은 중년까지 매우 행복한 삶을 살았다. 상위 1%만 들어갈 수 있는 법정 변호사 클럽에 들 정도로 승승장구했고, 넓은 저택, 경주마 목장, 최고급 자동차 컬렉션, 다수의 창업 컨설팅 등 그의 성공을 표현할 말은 차고 넘쳤다. 하지만 어느 날, 아내로부터 이혼을 통보받은 후 삶에 관한 회의가 들기 시작했다. 어려운 문제를 당당히 해결해왔다고 생각했지만, 전혀 그렇지 않은 현실과 마주했기 때문이다. 이에 앞으로는 지금까지 살아온 것처럼 틀에 맞춘 삶이 아닌 마음 흘러가는 대로 살겠다고 다짐한 후 파리로 충동적인 여행을 떠났다. 그리고 7주간 예약도, 계획도 없이 이어진 그 여행을 통해 완전히 새로운 세상과 만났다. '세렌디피티'를 직접 체험한 것이다. 그는 그것을 통해 자신의 문제를 완벽히 해결했을 뿐만 아니라 서번트 리더십 관련 협회를 만들어 다른 사람들 역시 변화시켰다.

알다시피, 그는 인류사를 바꾼 천재는 아니다. 하지만 많은 성인이 바라듯 자기 삶의 문제와 사회적 문제를 남다르게 해결하며 행복과 성공을 한꺼번에 거머쥔 사람임이 틀림없다.

같은 인물, 다른 창의성 __ 데미안 허스트

데미안 허스트는 기획만 할 뿐, 나머지 일은 팀에서 알아서 한다. '도움 구하기' 행동을 잘하는 셈이다. 그 결과, 기술 및 소재의 한계를 뛰어넘는 다양한 작품을 만들기도 했지만, '고독한 예술가'가 혼신의 열정을 다해서 '자신의 손으로' 만든 것과는 다르다는 이유로 '작품이 아닌 가내수공업 공장에서 내놓은 상품' 혹은 '그럴듯한 사기'라는 공격을 받기도 한다. 이에 대해 그는 당당하게 자기 작품의 가치를 이야기하는 것은 물론 주눅 들지 않은 채 끊임없이 도전함으로써 '용기'라는 창의적 문제해결 원리를 실행하고 있다. 실례로, 2017년 5월 열린 베니스 비엔날레에서 그는 비평가와 미술 애호가의 공격을 창작 소재로 삼았다.

그는 입구에서부터 난파선 보물을 바다에서 발굴하는 영상을 관람객에게 보여주며 역사적 유물 앞에서 숙연해지는 감동을 선사했다. 하지만 그 자체가 가짜였다. 당시 전시한 189점의 작품을 마치 실제 난파선에서 발굴된 유물처럼 재현해냈을 뿐이었다. 하지만 가짜임을 밝혔어도 유물에 대해서 느끼는 비장한 아름다움이 줄어들지 않듯, 자신의 작품 역시 그런 감동을 주는 가치가 있다고 당당하게 창의적 작품을 통해 보여준 것이다.

중요한 것은
답이 아닌 답을 찾는 과정

창의적인 문제해결이란 과연 무엇일까. 다음 문제를 통해 확인해보자.

> **💡 THE CREATIVE IDEAS**
>
> **Q : 이 문제의 정답은 두 개다. 모든 창의성을 적극적으로 활용해서 그것을 찾기 바란다.**
>
> 규리와 규린은 사이좋은 자매다. 그러나 세상 모든 일이 다 그렇듯 영원한 것은 없는 법. 갑작스러운 사고로 부모를 잃으면서 자매의 불행이 시작되었다. 가장 큰 불행은 부모의 유산을 두고 자매 사이가 나빠진 것이었다. 유산은 현금 97억 원과 시가 20억 원 상당의 건물, 아버지가 기획사를 운영하면서 확보한 유명 가수의

음반 저작권 5개가 있었다. 문제는 워낙 갑작스럽게 돌아가신 탓에 유언장이 없다는 것. 그로 인해 부모의 죽음에 슬퍼할 겨를도 없이 서로 더 많은 유산을 차지하기 위해서 긴 법적 싸움을 시작해야 했다. 규리는 자기가 큰딸이므로 더 많이 가져야 한다고 했고, 규린은 자기가 부모님을 더 사랑했고, 부모님 역시 자신을 더 사랑했다며 더 많이 가져야 한다고 했다.

힘든 싸움 끝에 건물을 판 돈과 현금 97억 원을 반씩 나누기로 합의했다. 문제는 5개의 음반 저작권을 누가 얼마나, 더 많이 소유하느냐는 것이었다. 규린은 마지막 담판을 짓기 위해 자신의 몫을 종이에 적어서 언니 규리에게 요구했고, 그것을 본 규리는 잠시 생각한 후 고개를 끄덕이며 동의했다.

과연, 두 사람을 극적으로 타협하게 한 규린의 요구사항은 몇 개였을까?

※ 단, 정답을 다음 빈칸에 적기 전에는 절대 다음 문제로 넘어가선 안 된다.

A:

이 문제의 답은 과연 무엇일까. 이 책에서 배운 직관을 활용해서 나온 답, 이성과 감성을 조화시켜 나온 답, 현실을 고려해서 만든 답 중 두 개를 적으면 된다. 그러나 한편으로는 전혀 다른 답을 찾았으면 한다. 지금까지 배운 방법에만 집중했다면 아직도 창의성을 완전히 자기 것으로 만든 것이 아니기 때문이다.

규린의 요구사항은 '두 개'였다. 문제의 제시문을 보면 이미 답이 적혀 있다. 물론 "이게 무슨 유치한 장난이냐?"며 화를 내는 사람도 있을 것이다. 그러나 잠시 화를 억누르고 창의성이 무엇인지 잘 생각해보기 바란다.

창의성 기본은 유연한 태도에 있다. 따라서 지금까지 배운 것을 적용하기 전에 문제를 좀 더 여유롭게 살폈다면 쉽게 정답을 쓸 수 있었을 것이다.

아무리 효과적인 창의성 계발법이라도 그것에 얽매이게 되면 창의성에서 멀어지게 된다. 이는 창의성은 복잡한 것이라는 고정관념에 휩싸여 누구나 쉽게 풀 수 있는 문제를 매우 복잡하게 해결하는 것과도 같다.

창의적 문제해결 원리를 알려주는 다른 문제를 살펴보자.

이 문제는 창의성을 다룬 책에 자주 등장해서 많은 사람이 이미 그 답을 알고 있으며, 문제 상황을 제한적으로 보지 말고, 더 자유롭게 생각하라는 교훈을 담고 있다. 문제의 답은 다음과 같다.

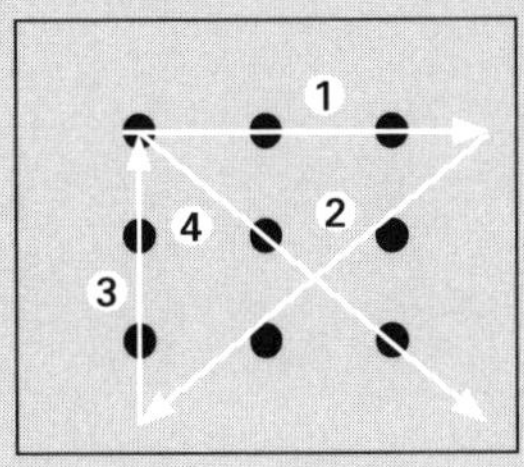

문제의 난이도를 조금 더 높여보자.

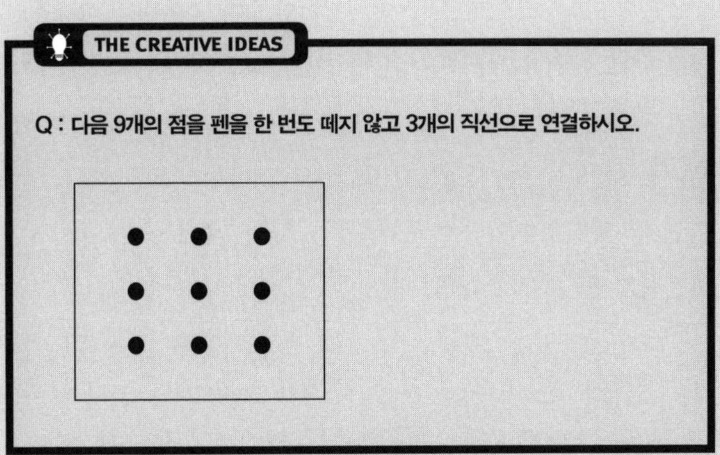

이 문제는 앞서 겉으로 보이는 문제 공간의 제한을 뛰어넘는 시각을 더 발전시켜야만 풀 수 있다. 창의적 문제해결은 효율적인 답을 찾는 것이다. 따라서 굳이 3개로 할 수 있는데 4개를 긋는 수고를 하지 않아도 된다. 이 문제가 주는 교훈은 '더 효율적인 것 생각하기'다. 답은 다음과 같다.

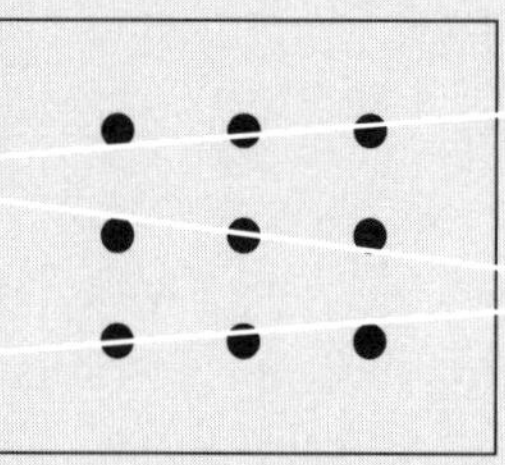

여기서 문제의 난이도를 더 높여보자. (※ 다음 페이지 상단 문제 참조)

이 문제는 앞서 겉으로 보이는 문제 공간의 제한을 뛰어넘은 시각을 더 발전시켜도 해결하기가 매우 힘들다. 문제 구조 자체를 바꿔야만 풀 수 있기 때문이다. 즉, 세 개의 선을 그렸던 생각에서 더 나아가 직선이 모두 통과할 수 있도록 문제 구조를 원통으로 바꾸거나 여러 번 종이를 접어야만 문제를 해결할 수 있다. 이 문제가 주는 교훈은 '주어진 문제가 어렵다면 문제 자체를 바꿔라'이다.

Q : 다음 9개의 점을 펜을 한 번도 떼지 않고 한 개의 직선으로 연결하시오.

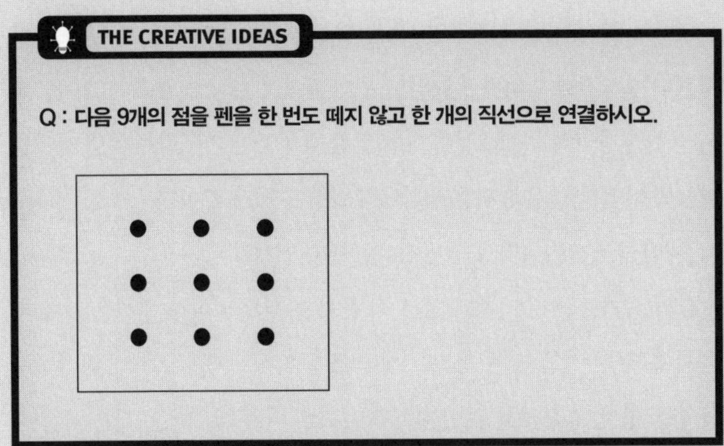

답은 다음과 같다.

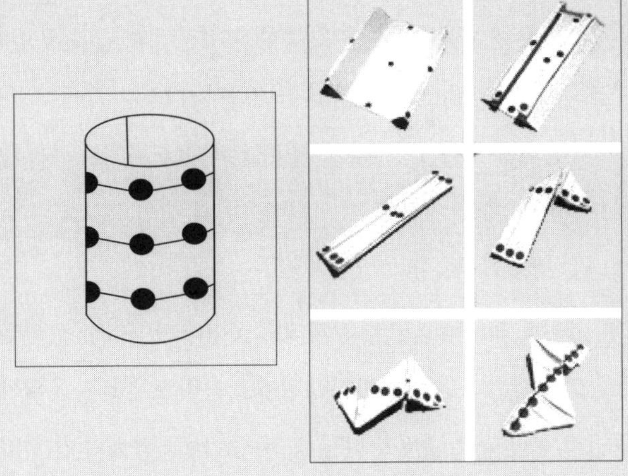

이렇듯 앞서 얻었던 교훈인 '효율적으로 생각하기'에 문제 구조를 바꾸겠다는 생각까지 더하면 다양한 문제 풀이가 가능하다. 하지만 이쯤에서 멈추면 창의적 문제해결이 아니다. 문제 구조를 바꾸라는 비법 자체를 바꾸면 어떨까. 다음과 같은 생각에 도달할 수 있을 것이다.

"문제 구조만 아니라 도구 역시 바꾸면 어떨까?"

펜의 굵기는 여러 가지가 있다. 아주 가는 것부터 아주 두꺼운 것까지. 문제 조건에는 가는 펜만 쓰라는 것이 없다. 두꺼운 펜으로 하면 된다. 9개의 점을 한 번에 통과할 수 있는 특별 제작된 대형 펜을 쓰는 것은 어떨까. 만일 이런 두꺼운 펜이 비현실적이거나 비효율적이라면? 종이를 접어서 각 점의 3분의 1씩만 표면에 나오게 해서 적당한 펜으로 그으면 된다. 위의 종이접기 답의 두 번째 과정에서 각 점의 동그라미 부분이 다 드러나게 하는 게 아니라 각각 일부분만 드러나게 한 번씩만 더 접어주면 문제를 쉽게 해결할 수 있다.

여기까지 얻은 문제해결의 교훈을 종합한 버전이 이 답 속에 있다. 즉, '문제구조와 도구를 모두 바꿔서 효과 극대화하기'다.

현실에서도 이 문제해결의 교훈을 활용할 수 있다. 자녀가 성적이 잘 나오지 않으면 어떻게 해야 할까. 창의적이라면서 대신 공부해줄 수도 없다. 그렇다고 해서 학원을 바꿔야 할까.

공부를 공부 문제로만 보면 곧 한계에 부딪히게 마련이다. 심리 상태가 불안해서 그런 것은 아닌지, 칭찬이나 상벌을 올바르게 하지 못해서 그런 것은 아닌지, 문제 구조 자체를 다른 방향으로 바꿀 필요가 있다. 그렇게 하면 새로운 '도구'를 발견하거나 주어진 문제 자체를 더 해결하기 쉬운 형태로 바꿀 수 있다. 이 전략을 써서 성공한 사람이 있다. 바로 '스티브 잡스'다.

그는 단순 통화 중심의 휴대폰에서 스마트폰으로의 소비자 관심이 변화하는 과정에서 문제 구조를 바꿔 큰 성공을 거두었다. 예컨대, 그는 경쟁사들이 스마트폰을 많이 팔기 위해 하드웨어에 집착할 때 제조 가격을 낮춰 더 많은 수익을 내는 방향으로 주어진 문제를 바꾸었다. 또한, 스마트폰 사용자가 좋아할 만한 애플리케이션 개발에 집중해 직접 애플리케이션을 만들었을 뿐만 아니라 애플리케이션 개발자들이 그것을 공급할 수 있는 열린 공간을 만들어 새로운 수익을 창출하기도 했다.

주목할 점은 그 역시 자신이 의도한 대로 제어하기 쉽게 만들었다는 점이다. 그렇게 해서 그는 스마트폰 하드웨어부터 소프트웨어까지 하나의 선으로 연결되게 했고 죽을 때까지 단 한 번도 이 전략을 바꾸지 않았다.

이렇듯 창의성 퍼즐과 답을 관찰하며 현실 사례와 연결하면 더 많은 문제를 창의적으로 해결할 수 있다. 마찬가지로 현실 문제를 해결할 때 막다른 벽을 느낀다면 창의적 퍼즐을 풀면서 그 해결방식을 활용해보자. 답이 아닌 그것을 찾는 과정에 집중하다 보면 놀라운 성과를 내는 비법에 접근할 수 있다. 아울러 이 책에서 제시한 8가지 원리를 중심으로 분석하고 열심히 생각하다 보면 더 많은 창의성 비법을 얻을 수 있을 것이다.

부디, 이 책을 통해 많은 이의 삶이 더 멋지게 변하기를 응원한다.

한 끗 차이,
창의적 문제 해결의 비밀

초판 1쇄 인쇄 2018년 7월 10일
초판 1쇄 발행 2018년 7월 18일

지은이 이남석
발행인 임채성
디자인 김현미

펴낸곳 홍재
주 소 서울시 양천구 목동동로 233-1, 1010호(목동, 현대드림타워)
전 화 070-4121-6304　　　　　　**팩 스** 02)332-6306
메 일 hongjaeeditor@naver.com

출판등록 2017년 10월 30일(신고번호 제 2017 - 000064호)

종이책 ISBN 979-11-962272-8-9 13320
전자책 ISBN 979-11-962272-9-6 15320

저작권자 ⓒ 2018 이남석
COPYRIGHT ⓒ 2018 by Lee Nam Seok
이 도서의 국립중앙도서관 출판시도서목록(CIP)은 서지정보유통지원시스템 홈페이지(http://seoji.nl.go.kr)와
국가자료공동목록시스템(http://www.nl.go.kr/kolisnet)에서 이용하실 수 있습니다.
(CIP제어번호: CIP 2018017932)

• 이 책은 도서출판 홍재와 저작권자와의 계약에 따라 발행한 것이므로
　본사의 서면 허락 없이는 어떠한 형태나 수단으로도 이 책의 내용을 이용할 수 없습니다.
• 파본은 본사와 구입하신 서점에서 교환해드립니다.
• 책값은 뒤표지에 있습니다.